KÖNIGS ERLÄUTERUNGEN

Band 497

Textanalyse und Interpretation zu

Franz Kafka

DER VERSCHOLLENE (AMERIKA)

Daniel Rothenbühler

Alle erforderlichen Infos für Abitur, Matura, Klausur und Referat plus Musteraufgaben mit Lösungsansätzen

Bange Verlag

Zitierte Ausgabe:
Franz Kafka: *Der Verschollene.* Stuttgart: Reclam, 1997 (RUB Nr. 9688). Zitatverweise durch Seiten- und Zeilenangaben in Klammern.

Über den Autor dieser Erläuterung:
Dr. phil. hist. Daniel Rothenbühler wurde 1951 in Porrentruy/Schweiz geboren. Er hat in Heidelberg und in Bern Germanistik und Romanistik studiert und 1992 in Bern mit einer Dissertation über *Der grüne Heinrich 1854/55* promoviert. Er publiziert regelmäßig über die deutschsprachige Literatur der Schweiz, hat das Schweizerische Literaturinstitut mitbegründet und ist in der Literaturvermittlung und -förderung der deutsch- und französischsprachigen Schweiz aktiv. Unterrichtet seit 1991 Deutsch und Französisch am Gymnasium Köniz-Lerbermatt bei Bern.

Hinweis:
Die Rechtschreibung wurde der amtlichen Neuregelung angepasst. Kafka-Zitate folgen der zitierten Reclam-Ausgabe, die selbst der Fassung der Handschrift folgt.

2. Auflage 2015
ISBN: 978-3-8044-2017-5
PDF: 978-3-8044-6017-1, EPUB: 978-3-8044-7017-0

Titelabbildung: Szene aus der Romanverfilmung „Klassenverhältnisse" (1983)
© Cinetext Bildarchiv
Druck und Weiterverarbeitung: Tiskárna Akcent, Vimperk

1. DAS WICHTIGSTE AUF EINEN BLICK – SCHNELLÜBERSICHT

Damit sich jeder Leser in unserem Band rasch zurechtfindet und das für ihn Interessante gleich entdeckt, hier eine Übersicht.

⇨ S. 10 ff.

Im zweiten Kapitel beschreiben wir **Kafkas Leben** und stellen den **zeitgeschichtlichen Hintergrund** dar:

- → Franz Kafka lebte von **1883 bis 1924**, die meiste Zeit in seiner Heimatstadt **Prag.**
- ⇨ S. 19 ff. → Prag wird historisch, kulturell und politisch durch **vier Faktoren** geprägt: Österreich-Ungarn, die Tschechen, die Deutschsprachigen und die Juden.
- ⇨ S. 23 ff. → Im Konzept einer **„kleinen Literatur“** sieht Kafka Chancen und Vielfalt in der ausweglosen Deterritorialisierung.

Im 3. Kapitel bieten wir eine **Textanalyse und Interpretation.**

Der Verschollene – Entstehung und Quellen:

- ⇨ S. 38 ff. → In drei Schreibphasen entstehen insgesamt mehr als 600 Seiten, von denen nach Kafka nur 56 „übrig bleiben“[1] sollen: *Der Heizer.*
- ⇨ S. 40 ff. → Amerika[2] ist für Kafka schon früh ein Thema. Er bezieht seine Informationen über die Vereinigten Staaten aus Büchern, Zeitschriften und persönlichen Zeugnissen.
- ⇨ S. 42 f. → Literarisch wird der *Der Verschollene* vor allem von Charles Dickens und Walt Whitman beeinflusst.

---

1 Zitiert nach: Heller/Beug, S. 41.
2 Im Folgenden synonym für die USA gebraucht.

Inhalt:

Der sechzehnjährige[3] Karl Roßmann aus Prag wird von seinen Eltern nach Amerika geschickt, weil ein Dienstmädchen ihn verführt und ein Kind von ihm bekommen hat. Bei der Ankunft in New York begleitet er einen Heizer in die Kapitänskajüte, um dessen Klage zu unterstützen. Dort empfängt ihn sein Onkel, Staatsrat bzw. Senator Jakob, der von dem Dienstmädchen benachrichtigt wurde, und nimmt ihn zu sich. Der Onkel möchte Karl helfen, sich einzuleben, verstößt ihn aber, als sein Neffe gegen seinen Willen die Einladung ins Landhaus eines Geschäftsfreundes annimmt. Auf sich allein gestellt, begegnet Karl zwei arbeitslosen Schlossern, Delamarche und Robinson, die es auf sein Geld abgesehen haben. Er trennt sich von ihnen und bekommt dank einer Oberköchin aus Wien die Stelle eines Liftjungen im Hotel Occidental. Als er Robinson, der eines Nachts völlig betrunken im Hotel auftaucht, helfen will, wird er wegen Vernachlässigung seines Dienstes vom Oberkellner schwer angeklagt und entlassen. Er bringt Robinson zu Delamarche. Dieser zwingt ihn zum Dienst bei Brunelda, seiner Geliebten. Eines Tages bringt Karl Brunelda in ein Haus, das offensichtlich als Bordell dient. Später folgt er einem Aufruf zur Anstellung im „Naturtheater von Oklahoma" und fährt mit den anderen Neurekrutierten quer durch Amerika dorthin.

➪ S. 44 ff.

Chronologie und Schauplätze:

Die Handlung spielt um 1912, vornehmlich in der Nähe der Ostküste der USA, vor allem in New York.

---

3 Im Manuskript von 1912, das der Buchveröffentlichung zugrunde liegt, ist „siebzehnjährig" stehen geblieben. Schon im *Heizer* hat Kafka dies durch „sechzehnjährig" korrigiert, denn auch der Oberköchin gegenüber sagt Karl später, er werde „nächsten Monat sechzehn" (122).

Aufbau:

⇨ S. 50 ff.

- → Der Text konzentriert sich auf einen einzigen, in linearer Abfolge erzählten Handlungsstrang.
- → Die einsträngige Handlung lässt sich in sieben Handlungsschritte unterteilen, die dem gleichen Muster folgen.
- → In der Abfolge der Handlungsschritte und in deren Grundmuster zeigt sich die Struktur eines Entwicklungs- bzw. Bildungsromans.
- → Die Erzählinstanz hält sich durchweg an die Wahrnehmungen und Überlegungen Karls als ihrer Reflektorfigur und markiert zugleich immer eine gewisse Distanz zu dessen Subjektivität.
- → Als regelmäßiger Kinogänger und großer Filmkenner lässt Kafka sich vom neuen Medium zum kinematographischen Erzählen anregen.

Personen:

⇨ S. 63 ff.

- → Die Personen, denen Karl begegnet, nehmen verschiedene Stufen im gesellschaftlichen Machtgefüge ein. Karl steht – neben dem Heizer – auf der untersten Stufe.
- → Die wichtigsten Personen lösen einander in einer väterlichen, mütterlichen oder geschwisterlichen Beziehung zu Karl ab.

Stil und Sprache Kafkas:

⇨ S. 77 ff.

- → Kafkas Sprache wird geprägt vom Prager Deutsch, von seiner Arbeit als Jurist und seiner klassischen Ausbildung sowie seinen literarischen Vorbildern.
- → Seine Sprachkunst zeichnet sich aus durch zeichenhafte Bildkraft, die Plastizität der Sätze und Mehrschichtigkeit der Perspektiven und sprachlichen Register.

Verschiedene Interpretationsansätze bieten sich an:

Drei Grundfragen geben bis heute Anlass zu immer neuen Deutungen des Romanprojekts *Der Verschollene*: ⇨ S. 86 ff.

- → Wie hätte der Roman enden sollen? (Autorintention und Textintention)
- → Warum die Bezüge zu Charles Dickens? (Gattungstradition und Biografie)
- → Warum spielt der Roman in Amerika? (Sozialkritik und kontrastive Exilerfahrung)

Rezeptionsgeschichte:

- → Da das Manuskript in drei Schritten veröffentlicht wurde, erlebte es auch drei Phasen der Rezeption: 1913–1927, 1927–1983 und 1983 bis heute. ⇨ S. 96 ff.
- → *Amerika* bzw. *Der Verschollene* wurde oft, aber mit unterschiedlichem Erfolg, für die Bühne und den Film bearbeitet, fand aber auch ein Echo in der bildenden Kunst und in der Literatur.

Franz Kafka (1883–1924)

2. FRANZ KAFKA: LEBEN UND WERK

2.1 Biografie

JAHR	ORT	EREIGNIS	ALTER
1883	Haus „Zum Turm" in Prag	3. Juli: Geburt K.'s als erstes Kind des jüdischen Kaufmanns Hermann Kafka (1852–1931) und seiner Frau Julie, geb. Löwy (1856–1934), verheiratet seit 1882, wohnhaft in der Prager Altstadt.	
1885	Prag	Geburt des Bruders Georg. Er stirbt 1887.	2
1887	Prag	Geburt des Bruders Heinrich. Er stirbt 1888.	4
1889-1892	Prag	Geburt der Schwestern Elli (1889), Valerie, genannt Valli (1890), und Ottilie, genannt Ottla (1892). Sie werden im Oktober 1941 deportiert und Elli und Valli vermutlich im Herbst 1942 im Vernichtungslager Kulmhof, Ottla im Herbst 1943 im KZ Auschwitz ermordet.	6–9
1889–1893	Prag	Besuch der „Deutschen Knabenschule" am Fleischmarkt.	6–10
1893–1901	Kinsky-Palais in Prag	Besuch des humanistischen „Staats-Gymnasiums mit deutscher Unterrichtssprache in Prag-Altstadt".	10–18
1896	„Zigeuner-Synagoge" in Prag	13. Juni: Bar-Mizwa, Fest zur religiösen Mündigkeit, vom Vater als „Confirmation" angekündigt.	13
1897–1898	Prag	Erste Schreibversuche, später von K. vernichtet.	14–15
1900	Triesch und Roztok	Sommerferien beim Onkel Siegfried Löwy, Landarzt, und in der Sommerfrische der Eltern.	17

JAHR	ORT	EREIGNIS	ALTER
1901	Prag Norderney, Helgoland Prag	Juli: Abitur. Sommer: Ferienreise an die Nordsee mit Onkel Siegfried. Herbst: Studienbeginn an der Deutschen Karl-Ferdinand-Universität, zuerst zwei Wochen Chemie, dann Jura.	18
1902	Prag	Frühling Im Sommersemester Germanistik und Kunstgeschichte. Beginn des vierjährigen Jura-Studiums. Herbst: Bei Besuchen der „Rede- und Lesehalle der deutschen Studenten" Bekanntschaft mit Max Brod (1884–1968), dem späteren Nachlassverwalter und Herausgeber der Werke K.'s.	19
1903	Prag	Arbeit am verschollenen Roman *Das Kind und die Stadt.*	20
1904	Prag	Arbeit an Skizzen, Prosagedichten und Erzählungen, darunter der Novelle *Beschreibung eines Kampfes*, des ersten erhaltenen literarischen Textes K.'s.	21
1905	Zuckmantel Prag, Café Louvre	Sommer: Kuraufenthalt im Sanatorium Dr. Schweinburg. Erste Liebesbegegnung. Winter: Beginn der regelmäßigen Zusammenkünfte mit Oskar Baum, Felix Weltsch und Max Brod, Gedankenaustausch über die Philosophie Franz Brentanos und über eigenes Schreiben.	22
1906	Prag Zuckmantel Prag	Volontariat im Prager Anwaltsbüro des Onkels Dr. Richard Löwy. 18. Juni: Promotion zum Doktor der Rechte. Sommer: Zweiter Kuraufenthalt im Sanatorium Dr. Schweinburg. Herbst: Beginn der einjährigen „Rechtspraxis" am Gericht.	23

2.1 Biografie

JAHR	ORT	EREIGNIS	ALTER
1907	Prag	Romanfragment *Hochzeitsvorbereitungen auf dem Lande*, basierend auf der Liebesbegegnung in Zuckmantel. 1. Oktober: Entgegen Auswanderungswünschen tritt K. die Stelle einer Aushilfskraft in der „Assicurazioni Generali" an.	24
1908	Prag	Erste Veröffentlichung von acht Prosastücken in der Zeitschrift *Hyperion* (später in den Band *Betrachtung* aufgenommen).	25
1908–1922	Prag	Feste Anstellung und Karriere in der „Arbeiter-Unfall-Versicherungs-Anstalt" (AUVA) bis zur krankheitsbedingten Pensionierung: 1908–1910 Aushilfsbeamter, 1910–1913 Konzipist, 1913–1920 Vizesekretär, 1920–1922 Sekretär, 1922 Obersekretär.	25–39
1909	Riva, Brescia	September: Ferienreise mit Max und Otto Brod nach Riva am Gardasee und zur Flugwoche in Brescia. Der Feuilletontext *Die Aeroplane in Brescia* wird in der *Deutschen Zeitung Bohemia* veröffentlicht. Beginn der *Tagebücher*.	26
1910	Prag Paris, Berlin	Besuch von Wahlversammlungen und sozialistischen Veranstaltungen. Häufige Besuche von Theatervorstellungen einer jiddischen Schauspieltruppe. Bekanntschaft mit Franz Werfel. Ferienreisen nach Frankreich und Deutschland.	27
1911	Italien Frankreich	September: Ferienreise mit Max Brod an die oberitalienischen Seen und nach Paris. In Paris Gespräch mit einem Goldarbeiter aus Krakau über dessen Erfahrungen in den USA.	28

JAHR	ORT	EREIGNIS	ALTER
	Erlenbach bei Zürich	Einwöchiger Kuraufenthalt im Sanatorium Fellenberg für Freilufttherapie und vegetarische Kost.	
	Prag	Beginn der Freundschaft mir dem jiddischen Schauspieler Jizchak Löwy, wachsendes Interesse am Judentum und Zionismus. Beginn der Arbeit am Roman *Der Verschollene*.	
1912	Prag	Wendejahr: K. gibt Auswanderungswünsche auf, fügt sich der Vereinsamung in Prag und konzentriert sich aufs literarische Schreiben. 1. Juni: Besuch eines Vortrags des Sozialdemokraten Dr. František Soukup über das amerikanische Wahlsystem. Juli: Vorläufge Aufgabe der Arbeit am *Verschollenen*.	29
	Weimar	Sommer: Ferienreise mit Max Brod.	
	Eckertal im Harz	Dreiwöchiger Kuraufenthalt in der Naturheilanstalt Jungborn von Adolf Just.	
	Prag	August: Zusammenstellung des ersten Buches *Betrachtung*, Publikation Ende Dezember 1912. Erste Begegnung mit Felice Bauer (1887–1960) bei Max Brod. 22./23. 9.: Niederschrift der Erzählung *Das Urteil* in acht Stunden Nachtarbeit. Herbst und Winter: In rascher Folge entstehen sieben Kapitel der zweiten Fassung des *Verschollenen* und *Die Verwandlung*. Oktober: Suizidgedanken im Streit mit der Familie. 23. Oktober: Beginn der regen Korrespondenz mit Felice Bauer, die erst 1917 enden wird. 4. Dezember: Öffentliche Lesung aus *Das Urteil* in der „Herder-Vereinigung".	

2.1 Biografie

JAHR	ORT	EREIGNIS	ALTER
1913	Prag	Januar: Erneute Aufgabe der Arbeit am *Verschollenen*.	29
	Leipzig	Mai: Unter dem Titel *Der Heizer* veröffentlicht der neu gegründete Kurt Wolff Verlag das erste Kapitel aus dem Romanprojekt *Der Verschollene*.	
	Berlin	Ostern und Pfingsten: Zweimaliger Besuch bei Felice Bauer, Bekanntschaft mit ihrer Familie.	30
	Prag-Berlin	15. August: Förmliche Verlobungsbitte in Brief an Felices Vater. Zustimmende Antwort.	
	Prag-Berlin	September: Rücknahme der Verlobungsbitte in Brief an Felice.	
	Wien	Dienstreise an einen Kongress.	
	Italien	Fortsetzung der Reise über Triest, Venedig, Verona, Desenzano nach Riva ins Sanatorium Dr. von Hartungen. Liebesbegegnung mit einer 18-jährigen Schweizerin.	
	Berlin	November: Besuch bei Felice, Bekanntschaft mit deren Freundin Grete Bloch.	
1914	Prag	Mai: Felice nimmt eine Wohnung in Prag.	30
	Berlin	1. Juni: Verlobung mit Felice, 12. Juli: Auflösung der Verlobung.	
	Marielyst	12.–16. Juli: Reise an die dänische Ostsee.	31
	Prag	August: K. ist aufgrund seiner schwachen Konstitution vom Kriegsdienst befreit, muss das Elternhaus verlassen und zieht mehrmals bei seinen Schwestern ein. August bis Oktober: Arbeit am Roman *Der Process*, Niederschrift der Erzählung *In der Strafkolonie* und der „letzten" Kapitel des Romans *Der Verschollene*.	
1915	Bodenbach	23./24. Januar: Wiedersehen mit Felice an der deutschen Grenze.	31
	Prag	Aufgabe der Arbeit am Roman *Der Process*.	

JAHR	ORT	EREIGNIS	ALTER
		März: Erstmals eigenes Zimmer in der Langengasse. Juni: Aufgebot K.'s zum Landsturm (Kriegsdienst), doch die AUVA reklamiert ihn gegen seinen Willen als unersetzliche Fachkraft.	32
	Rumburg	Juli: Aufenthalt im Sanatorium Frankenstein in Nordböhmen.	
	Berlin	Spätherbst: Carl Sternheim gibt das Preisgeld des „Theodor-Fontane-Preises für Kunst und Literatur" an K. weiter.	
	Leipzig	November: Veröffentlichung der Erzählung *Die Verwandlung* im Kurt Wolff Verlag.	
1916	Marienbad	Juli: Ferien und inoffizielle neue Verlobung mit Felice.	33
	Leipzig	September: Veröffentlichung der Erzählung *Das Urteil* im Kurt Wolff Verlag.	
	München	November: Zweite und letzte öffentliche Lesung mit der Erzählung *In der Strafkolonie*, zu der Felice aus Berlin herreist.	
	Prag	Umzug in die Alchimistengasse. Winter: Beginn der Niederschrift der Erzählungen um *Der Landarzt.*	
1917	Prag	Bis April: Fertigstellung der *Landarzt*-Erzählungen. K. beginnt Hebräisch zu lernen. Juli: Zweite Verlobung mit Felice. 9.–10. August: Blutsturz. K. wohnt wieder bei den Eltern. 4. September: Lungentuberkulose diagnostiziert.	34
	Zürau	Bis Mai 1918: Erholung im Bauerngut Ottlas in Nordböhmen. Entstehung der *Aphorismen.*	
	Prag	Weihnachten: Endgültige Entlobung mit Felice.	

JAHR	ORT	EREIGNIS	ALTER
1918	Prag	Ab Mai: Wiederaufnahme der Arbeit in der AUVA. Oktober–November: Schwere Erkrankung an der Spanischen Grippe.	35
	Schelesen	November bis März 1919: Erholung in der Pension Stüdl.	
1919	Schelesen	Ende Januar: Bekanntschaft mit Julie Wohryzeck (1891–1944), tschechisch-jüdische Büroangestellte in Prag.	36
	Prag	Sommer: Verlobung mit Julie gegen den Willen des Vaters K. In Opposition zur Familie K.s kann das Paar nicht heiraten, weil es keine Wohnung findet.	
	Leipzig	Oktober: Die Erzählung *In der Strafkolonie* erscheint im Kurt Wolff Verlag.	
	Schelesen	November: Dienstunfähigkeit und Erholungsurlaub. K. schreibt den *Brief an den Vater*, übergibt ihn aber nie.	
	Leipzig	Dezember: Der Band *Ein Landarzt* erscheint im Kurt Wolff Verlag mit einer Widmung an den Vater, die K. ironisch versteht (weil der Vater seine Texte nie liest).	
1920	Schelesen	Januar–Februar: Entstehung der Aphorismen in Er-Form.	37
	Meran	April–Juni: Kuraufenthalt in der Pension Ottoburg.	
	Meran-Wien	Beginn des Briefwechsels mit Milena Jesenská (1896–1944), seiner in Wien verheirateten tschechischen Übersetzerin.	
	Wien	Mitte Juni: Viertägiger Besuch in Wien bei Milena.	
	Prag	Wiederaufnahme der Arbeit in der AUVA, Entlobung mit Julie. Herbst: Entstehung vieler parabolischer Erzählungen.	

JAHR	ORT	EREIGNIS	ALTER
	Matliary	Dezember: Erneute Beurlaubung und Kuraufenthalt in einem Lungensanatorium der Hohen Tatra bis August 1921. Beginn der Freundschaft mit dem Mediziner Robert Klopstock (1899–1972), der ihm bis zum Tod 1924 beistehen wird.	
1921	Prag	September: Wiederaufnahme der Arbeit in der AUVA. Oktober: Übergabe sämtlicher Tagebücher an Milena, der er zuvor schon die Manuskripte *Der Verschollene* und *Brief an den Vater* überlassen hat. Beginn neuer Tagebuchaufzeichnungen.	38
1922	Prag Spindelmühle Prag Prag Planà	Januar: Nervenzusammenbruch. Januar–Februar: Drei Wochen Erholung im Riesengebirge. Februar–September: Arbeit am Roman *Das Schloss.* Zugleich entstehen die Erzählungen *Erstes Leid, Ein Hungerkünstler* und *Forschungen eines Hundes.* 1. Juli: Endgültige Pensionierung. Juli–September: Erholung in der Sommerwohnung Ottlas in Westböhmen.	39
1923	Prag Prag Müritz Schelesen	Winter–Frühling: K., bettlägerig, betreibt intensive Hebräischstudien und plant, nach Palästina auszuwandern. Juni: Letzte Begegnung mit Milena. Juli/August: Erholung an der Ostsee mit Schwester Elli und deren Kinder. Bekanntschaft mit der polnisch-jüdischen Kinderhelferin Dora Diamant (1898–1952), deren chassidische Erziehung K. fasziniert. August–September: Erholung bei der Schwester Ottla.	40

JAHR	ORT	EREIGNIS	ALTER
	Berlin	24. September: Niederlassung mit Dora in Berlin, von K. als endgültige Loslösung von Prag und seiner Familie verstanden. Winter: Die Erzählungen *Eine kleine Frau* und *Der Bau* entstehen.	40
1924	Berlin	Februar: K.'s Gesundheitszustand verschlechtert sich schnell.	
	Prag	17. März: Rückkehr nach Prag mit Onkel Siegfried und Max Brod.	
	Ortmann	Die letzte Erzählung *Josefine, die Sängerin oder Das Volk der Mäuse* entsteht.	
	Wien	April: Kafka reist in das Sanatorium Wiener Wald. Diagnose einer unheilbaren Kehlkopftuberkulose. Ende April: Universitätsklinik Wien.	
	Kierling	April–Juni: Pflege durch Dora Diamant und Robert Klopstock im Sanatorium Dr. Hoffmann. Doras Vater verweigert die Zustimmung zur Eheschließung. Korrektur der Druckfahnen des letzten Buches *Ein Hungerkünstler. Vier Geschichten.* 3. Juni: Tod.	
	Prag	11. Juni: Begräbnis auf dem jüdischen Friedhof in Prag-Straschnitz.	

2.2 Zeitgeschichtlicher Hintergrund

ZUSAMMEN-FASSUNG

- → Prag wird historisch, kulturell und politisch durch vier Faktoren geprägt: die Doppelmonarchie Österreich-Ungarn, die Tschechen, die Deutschsprachigen und die Juden.
- → Im Konzept der „kleinen Literatur" sieht Kafka Chancen in der scheinbar ausweglosen Deterritorialisierung.

Kafkas Prag

Das Prag Franz Kafkas war

- → österreichisch-ungarisch im zerfallenden Vielvölkerstaat,
- → tschechisch im Gang zum Nationalstaat,
- → deutsch in der schwindenden Oberschicht,
- → jüdisch in Isolation und Bedrängnis.

Diese vier Faktoren ergänzten einander nicht in harmonischem Zusammenwirken, sondern in konfliktreichen inneren und wechselseitigen Widersprüchen.

Österreich-Ungarn – der zerfallende Vielvölkerstaat

Prag als deklassierte Metropole

Durch die Begründung der Doppelmonarchie Österreich-Ungarn 1867 sah sich die alte Kaiserstadt Prag gegenüber Budapest deklassiert. Als dann 1899 die zwei Jahre zuvor erlassene Sprachenverordnung zur Gleichberechtigung des Tschechischen in der ganzen Verwaltung zurückgenommen wurde, entfachte dies in Prag massive Ausschreitungen gegen die deutsche und vor allem jüdische Oberschicht. Eine weitere Chance zur Versöhnung Prags mit dem Kaiserreich war vertan.

Die überwiegend von Tschechen bewohnte Stadt verstand sich umso weniger als Stützpfeiler des habsburgischen Vielvölkerstaates, als „der Grad nationaler und konfessioneller Heterogenität in Prag im Vergleich mit anderen ostmitteleuropäischen Großstädten wie Warschau, Budapest oder Riga eher gering war."[4] Dies zusammen mit der bedeutenden wirtschaftlichen Erstarkung der böhmischen Länder – des industriellen Zentrums des Reiches – gab den tschechischen Nationalisten den Antrieb, im Ersten Weltkrieg das Bündnis mit Frankreich, England und den USA gegen Österreich-Ungarn zu suchen und 1918 in Prag die tschecho-slowakische Republik auszurufen.

Die Tschechen – das „Lebenselement"[5] auf dem Gang zum Nationalstaat

Der tschechische Nationalismus

Die tschechische Mehrheit umfasste alle Volksschichten und bewohnte vor allem die neuen Vorstädte. Ihr ab 1848 wachsender Nationalismus wandte sich nicht nur gegen die Habsburger Monarchie, sondern immer mehr auch gegen die deutsche Oberschicht in der eigenen Stadt.

Deutschen- und Judenfeindlichkeit

Bezeichnend für die Verschlechterung der Beziehungen zwischen den zwei Sprachgruppen Prags war 1882 die Teilung der zweisprachigen Prager Universität in zwei völlig getrennte Einrichtungen. Die deutsch- und die tschechischsprachigen Intellektuellen hatten kaum mehr Kontakt zueinander. Mehrmals kam es in Prag zu Ausschreitungen gegen Deutschsprachige und Juden, so vor allem 1897 und – von Kafka selbst erlebt und bezeugt – 1920.

Nach 1918 wurde die Zweisprachigkeit Prags vom neuen Staat der Tschechoslowakei nicht mehr anerkannt. Auch in der halbstaat-

---

4 Koeltzsch, S. 11.
5 Urzidil, S. 6.

lichen „Arbeiter-Unfalls-Versicherungs-Anstalt", in der Kafka arbeitete, wurde nur mehr Tschechisch gesprochen und geschrieben.

Deutsch – die Sprache der schwindenden Oberschicht

Bis in die erste Hälfte des 19. Jahrhunderts wurde in Prag mehrheitlich Deutsch gesprochen. Doch um 1860 sprachen aufgrund der Land-Stadt-Migration vor allem tschechischsprachiger Bürger nur mehr etwa 20 Prozent der Prager Deutsch. Dieser Prozess beschleunigte sich im Lauf der erfolgreichen Industrialisierung Böhmens: In der Volkszählung von 1900 gaben nur noch knapp sieben Prozent Deutsch als Muttersprache an, 1921 waren es nur mehr viereinhalb Prozent.

Die kleine deutsche Bevölkerungsgruppe bildete die bürgerliche Oberschicht der Stadt, die das historische Zentrum Prags bewohnte und an der Fiktion vom „deutschen Gesicht der Stadt"[6] festhielt, während das tschechische Reallexikon sie 1903 klar zu einer „heute tschechischen Stadt"[7] erklärte.

Das Prager Deutsch

Dass die deutschsprachigen Prager auch im Alltag ein weitgehend dialektfreies Deutsch sprachen, nährte bei ihnen die Vorstellung einer „kulturell-gesellschaftlichen Dominanz der Deutschen in Prag"[8]. Der Sprachphilosoph Fritz Mauthner (1849–1923) bemängelte hingegen, dass dem „papierene(n) Deutsch" in Prag die „Fülle der mundartlichen Formen"[9] fehle.

Die Juden – gespaltene Minderheit in Isolation und Bedrängnis

Während die Prager jüdische Gemeinde „bis zu den dreißiger Jahren des 19. Jahrhunderts zu den zahlenmäßig wichtigsten in Zen-

6 Petrbok/Randák, S. 40.
7 Zit. nach ebd., S. 39.
8 Ebd., S. 40.
9 Zitiert nach: Wagenbach, S. 55.

VIER FAKTOREN VON KAFKAS PRAG

Österreich-Ungarn
zerbrechender Vielvölkerstaat

Die Tschechen
Lebenselement auf dem Weg zur Unabhängigkeit

Kafkas Prag

Die deutschsprachigen Prager
schwindende Oberschicht

Die Juden
kleinste gespaltene Minderheit

traleuropa“ gehörte, wurde sie am Anfang des 20. Jahrhunderts „im Vergleich zu Wien, Berlin, Budapest und Warschau provinziell.“[10] Sie war kulturell homogener als jene der anderen Städte, denn im Unterschied zu diesen zog Prag „nur sehr wenige Juden von außerhalb des böhmisch-mährischen Raumes“[11] an, die zahlenmäßig größte Gruppe der jiddisch sprechenden Ostjuden blieb der Stadt also weitgehend fern.

Die böhmischen Juden waren „– auch in religiöser Hinsicht – emanzipierter als die in den umliegenden Ländern (...) für viele von ihnen wurde das religiöse Bekenntnis mehr zum ‚Tun als ob‘“.[12] Diese Lösung aus religiösen Bindungen machte sich im urbanen Prag noch deutlicher bemerkbar als auf dem Land.

Dreifache Isolation

Gespalten wurden die Prager Juden durch die Notwendigkeit der Entscheidung zwischen Tschechisch oder Deutsch als Umgangssprache. Die Mehrheit, die in den Vorstädten wohnte, bekannte sich 1900 zum Tschechischen, die Minderheit wollte sich wie Kaf-

---

10 Èapková, S. 22.
11 Iggers, S. 20.
12 Ebd.

kas Vater „in die zum größten Teil Deutsch sprechende jüdische Elite im städtischen Zentrum einreihen“[13] und schickte ihre Kinder in Schulen deutscher Sprache.

Diese kleinste Minderheit sah sich so dreifach isoliert: als Deutschsprachige von den Tschechen, als Juden von den Deutschen und als kulturelle Elite vom Volk.

Kafkas Konzept einer „kleinen Literatur“

„Prager deutsche Literatur“

> „Als Prag zu sechzig Prozent deutsch war, war die deutsche Literatur Prags klein und belanglos, als Prag zu sechs Prozent deutsch war, gab es zahlreiche bedeutende Schriftsteller, von denen jedenfalls zwei zur Weltliteratur gehören. Kafka und Rilke“[14]

Kafkas Freund und Nachlassverwalter Max Brod hat für diese Blütezeit deutschsprachigen Schreibens in Prag den Begriff „Prager Kreis“ bzw. „Prager deutsche Literatur“ geprägt. Doch gemeinsam war den Autoren dieses Kreises nur die Isolation einer kleinen Minderheit:

> „Literarisch und wirtschaftlich, vor allem im Hinblick auf die Verlagssituation, war (…) ein Eigenleben der deutschsprachigen Produktion in Prag kaum vorstellbar“, was „nicht selten eine übernationale Orientierung zur Folge hatte“[15].

„Deterritorialisierung“

Gilles Deleuze und Félix Guattari haben für diese Situation den Begriff „Deterritorialisierung“ geprägt und sich dabei auf jene Stelle

13 Èapková, S. 23.
14 Zimmermann, S. 71.
15 Žmegač, S. 326.

in einem Brief Kafkas an Max Brod bezogen, in der Kafka 1921 angesichts der dreifachen Isolation der deutschsprachigen Prager Juden von der Unmöglichkeit spricht, „nicht zu schreiben, der Unmöglichkeit, deutsch zu schreiben, und der Unmöglichkeit, anders zu schreiben.“[16]

Nicht zu schreiben war unmöglich, weil nur die literarische Arbeit es den deutschsprachigen Juden in Prag erlaubte, „das einheitliche Zusammenhalten des im äußern Lebens oft untätigen und immer sich zersplitternden nationalen Bewußtseins“[17] zu suchen. Deutsch zu schreiben war unmöglich, „weil die deutsche Bevölkerung in Prag selbst deterritorialisiert war: eine herrschende Minderheit mit einer elitären, von den Massen getrennten, künstlich gepflegten, einer ‚papierenen' Sprache.“[18] Anders als deutsch zu schreiben, war unmöglich, weil die deutsch- und tschechischsprachigen Intellektuellen in Prag seit 1882 nur mehr ausnahmsweise miteinander verkehrten.[19]

Chancen der Deterritorialisierung

Dass diese scheinbar ausweglose Deterritorialisierung der „kleinen Literatur“ aber auch besondere Chancen bot, hat Kafka schon 1911 in seinem Tagebuch festgehalten:

1. „Der Mangel unwiderstehlicher nationaler Vorbilder hält völlig Unfähige von der Litteratur ab“[20] und gewährt eine größere Lebhaftigkeit des literarischen Streits, weil „es hier keine(n) Schriftsteller giebt, vor dessen Begabung wenigstens die Mehrzahl der Zweifler zu schweigen hätte“ [21].

---

16 Kafka, *Briefe 1902–1924*, S. 337 f.; vgl. Deuleuze/Guattari, S. 24.
17 Kafka, *Tagebücher*, S. 239.
18 Deuleuze/Guattari, S. 24.
19 Vgl. S. 20 dieser Erläuterung.
20 Kafka, *Tagebücher*, S. 240.
21 Ebd.

2. „Allgemein findet sich die Freude an der litterarischen Behandlung kleiner Themen“[22], und diese geht mit „leichte(r) Symbolbildung“[23] einher.
3. Literatur „ist weniger eine Angelegenheit der Litteraturgeschichte als Angelegenheit des Volkes“[24], dank dessen „Glaube(ns) an die Litteratur“ wird „ihre Gesetzgebung (...) ihr überlassen“[25], und gerade infolge dieser „innern Selbständigkeit der Litteratur (ist) die äußere Verbindung mit der Politik unschädlich “[26]

Merkmale einer „kleinen Literatur"

Kafkas Werk teilt mit demjenigen der anderen Autoren des „Prager Kreises“ die Merkmale einer deterritorialisierten „kleinen Literatur“. Jedoch zeichnet sich diese gerade dadurch aus, dass sie aufgrund der fehlenden „nationalen Vorbilder“ und des damit einhergehenden literarischen Streits keine Strömung bildet, der Kafka zuzurechnen wäre.

---

22 Ebd., S. 246.
23 Ebd., S. 249
24 Ebd., S. 241.
25 Ebd., S. 249.
26 Ebd., S. 246.

2.3 Angaben und Erläuterungen zu wesentlichen Werken

ZUSAMMEN-FASSUNG

- → Fünf widersprüchliche Grundhaltungen Kafkas sind Quellen seines literarischen Schreibens.
- → Kafkas Werk ist zweigeteilt in von ihm autorisierte und von ihm nicht autorisierte, postume Veröffentlichungen.
- → Durch Themen und Motive kann *Der Verschollene* zwei Trilogien zugeordnet werden.

Kafkas literarisches Schreiben zeichnet sich dadurch aus, dass es in seiner Art völlig singulär ist und zugleich universale Bedeutung bekommen hat. Vor Kafka und nach ihm hat nie jemand so geschrieben wie er, und doch erkennen sich im Lauf des 20. Jahrhunderts und auch heute noch immer wieder neue Generationen in seinem Werk.

Widersprüchliche Grundhaltungen als Quellen des Schreibens

Kafkas Werk entspringt den widersprüchlichen Grundhaltungen gegenüber fünf Eckpfeilern seines Lebens:

1. Prag

„Provinzielles Dasein"

Kafka führte „ein provinzielles Dasein"[27], verließ die Prager Altstadt nur für seine häufigen Dienstreisen und für größere Erholungsreisen in Europa und trennte sich erst am 24. September 1923, acht Monate vor seinem Tod, von ihr, um mit Dora Diamant in Berlin eine

27 Wagenbach, S. 9.

neue Existenz aufzubauen. Zugleich träumte er seit seinen Studienjahren immer wieder davon, die Stadt zu verlassen und auszuwandern. Gegenüber der „Provinzstadt“[28] Prag bewunderte er Paris „als Weltstadt schlechthin, die deswegen in zahlreichen Details zum Vorbild für die im *Verschollenen* gezeigten Verhältnisse wurde“[29], fühlte sich aber fast bis zu seinem Tod „der alten Kaiserstadt an der Moldau verhaftet“[30] und in ihr gefangen.

2. Die Familie

Beziehungsfalle Elternhaus

In seinem Tagebuch hielt Kafka 1910 in immer neuen Formulierungen fest, dass ihm seine Erziehung „in mancher Richtung sehr geschadet hat“[31], dass er aber „mit unbeweisbaren Vorwürfen“[32] niemanden belangen könne. Er blieb bis zum Wegzug nach Berlin seiner Familie „verhaftet“ und wohnte, als er während des Ersten Weltkrieges das Elternhaus verlassen musste, zunächst bei seinen Schwestern, obwohl er vor allem mit dem Vater ständig in mehr oder weniger offenem Streit war. Dieser versetzte ihn in die Beziehungsfalle einer Doppelbindung („double bind“[33]): Er verlangte, sein Sohn habe eine Familie zu begründen wie er, und verhinderte dies zugleich, indem er ihm laufend sein Ungenügen vorhielt. Umgekehrt betrachtete Kafka sein Schreiben als einzige Möglichkeit, vom Vater loszukommen, und versuchte zugleich immer wieder – vergeblich – dessen Anerkennung dafür zu gewinnen.

---

28 Zitiert nach: Binder, *Kafkas Prag*, S. 251.
29 Ebd.
30 Ebd., S. 249.
31 Kafka, *Tagebücher*, S. 13, vgl. ebd., S. 14, 15, 17, 21.
32 Ebd., S. 16 f.
33 Nach der von Kommunikationsforschern entwickelten Doppelbindungstheorie haben paradoxe Signale, Botschaften oder Erwartungen an ein Individuum eine lähmende Wirkung, die in der Folge bis zur Schizophrenie führen kann.

3. Die jüdische Herkunft

Zwischen Assimilation, Tradition und Zionismus

Kafka teilte mit seiner Familie – wie mit den böhmischen Juden allgemein – zunächst das religiöse Desinteresse und das Festhalten an bestimmten Ritualen nur im Sinne eines ‚Tun als ob'[34]. Schon vor dem Ersten Weltkrieg begann er sich aber aufgrund seiner Freundschaft mit dem jiddischen Schauspieler Jizchak Löwy (1887–1942) immer mehr für die jüdische Tradition und die neue Bewegung des Zionismus zu interessieren. An der jüdischen Tradition interessierten ihn vor allem die chassidischen Lehren und deren Gleichnisse mit paradoxen Inhalten. Der Zionismus als nicht-religiöses Festhalten an der jüdischen Identität wurde ihm vor allem durch seinen Freund Max Brod nahegebracht. Die Vorstellung, sich in Palästina niederzulassen, entsprach seiner Sehnsucht, aus Prag auszuwandern, und wurde mit der zunehmenden Isolierung und Bedrängnis der deutschsprachigen Juden in Prag immer wichtiger.

4. Die Frauen

Bindungswunsch und Bindungsfurcht

Kafka verspürte den starken Wunsch nach einer festen Bindung in der Heirat und zugleich die unüberwindliche Furcht, dadurch seine Unabhängigkeit und die Möglichkeit zum literarischen Schreiben zu verlieren. In dieser Unentschiedenheit hat er sich mehrmals verlobt und wieder entlobt, bevor er 1922 endgültig pensioniert wurde, sich also ganz aufs Schreiben konzentrieren konnte, und 1923 mit Dora Diamant nach Berlin zog.

5. Der Brotberuf

Erfolgreicher Jurist wider Willen

Schon im März 1911 – als sein literarisches Schreiben noch in den Anfängen steckte –, beklagte sich Kafka, seine „zwei Berufe", das literarische Schreiben und die Arbeit als Jurist in der „Arbeiter-

---

34 Iggers, S. 20.

FÜNF ECKPFEILER VON KAFKAS LEBEN

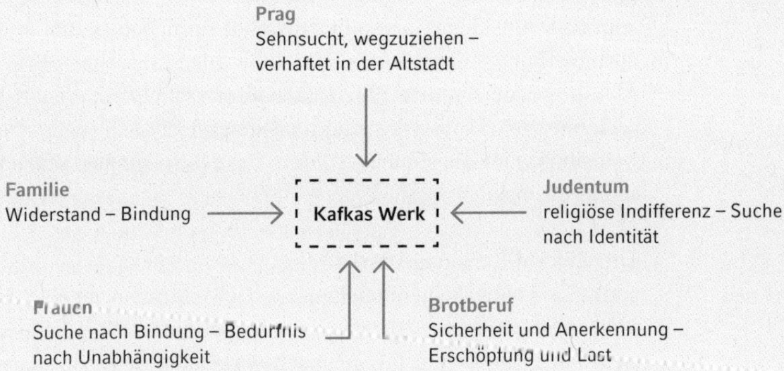

Unfall-Versicherungs-Anstalt" (AUVA), könnten „einander niemals ertragen und ein gemeinsames Glück zulassen. Das kleinste Glück in einem wird ein großes Unglück im zweiten."[35] Er war ein ausgezeichneter Jurist, wurde in der AUVA hoch geschätzt und bis kurz vor seiner Pensionierung laufend befördert und fand im Beruf jene Sicherheit, die ihm in allen anderen Lebensbereichen – außer dem literarischen Schreiben – fehlte. Die AUVA betraute ihn mit der Niederschrift der wichtigsten Dokumente, und diese – durchaus lesenswerten – Texte sind seit 2004 auch im Band *Amtliche Schriften* der kritischen Werkausgabe zu lesen. Als der Erste Weltkrieg seine Urlaubspläne verhinderte und deutlich längere Arbeitszeiten mit sich brachte, erstrebte Kafka die Frühpensionierung, die ihm aber mehrmals verweigert wurde.

---

35 Kafka, *Tagebücher*, S. 26.

„Nachhause schreiben"

Diesen fünf Grundhaltungen, die sowohl auf der Deterritorialisierung der „kleinen Literatur" deutschsprachiger Juden in Prag wie auch auf Kafkas persönlichen Widersprüchen beruhen, entspringt ein Grundzug seines Schreibens, den er in einem Brief an Max Brod vom 12. Juli 1922 folgendermaßen charakterisiert hat: „Ich bin von zuhause fort und muß immerfort nachhause schreiben, auch wenn alles Zuhause längst fortgeschwommen sein sollte in die Ewigkeit."[36]

Die Zweiteilung des Werks

Nächtliches Schreiben in Schüben

Kafka fand bis zu seiner Pensionierung jeweils nur in der Nacht von halb elf bis etwa zwei Uhr die Zeit zum Schreiben. Sein Schreiben geschah in größeren, fast manisch wirkenden Schüben, die von Perioden unterbrochen wurde, in denen er nichts schrieb. In seinen Schüben entwickelte er eine enorme Schaffenskraft. Diese reichte jeweils zwar zur Fertigstellung kleinerer und größerer Erzählungen, nicht aber zum Abschluss seiner drei großen Romanprojekte.

Kafkas Werk lässt sich so aufteilen in Schriften, deren Veröffentlichung von ihm autorisiert wurde, und solchen, die er nicht veröffentlicht bzw. nach seinem Tod vernichtet sehen sehen wollte und die sein Freund und Nachlassverwalter Max Bord nach seinem Tod gegen seinen Willen publizierte.

Die wichtigsten von Kafka autorisierten Veröffentlichungen

Schmales Werk zu Lebzeiten

Kafka bemühte sich nicht darum, seine Texte um jeden Preis zu veröffentlichen, und er hat streng darauf geachtet, die autorisierten Veröffentlichungen möglichst weitgehend zu vervollkommnen.

---

36 Zitiert nach: Kafka, *Briefe 1902–1924*, S. 392.

ERSCHEINUNGS-JAHR	TITEL	INHALT
1908 / 1912	*Betrachtung*	Zunächst in der Zeitschrift *Hyperion* acht, dann selbstständig achtzehn kürzere Erzählungen: Darstellung von Lebensverfehlungen in der bürgerlichen Alltagswelt.
1913 / 1916	*Das Urteil*	Erzählung (zunächst im Jahrbuch *Arkadia*): Vater-Sohn-Konflikt, der nach dem Urteil des Vaters mit dem selbstvollzogenen Tod des Sohnes durch Ertrinken endet.
1913	*Der Heizer*	Erstes Kapitel des Romanprojekts *Der Verschollene* als selbstständige Erzählung.
1915	*Die Verwandlung*	Erzählung über die Verwandlung eines Handelsreisenden in ein „Ungeziefer" und dessen zunehmende Ausgrenzung aus der Familie bis zum Tod.
1919	*In der Strafkolonie*	Erzählung: Ein Offizier führt einem Reisenden in der Strafkolonie eine Foltermaschine zur Aufrechterhaltung der militärischen Ordnung vor und lässt sich von ihr selbst töten, als ihre und seine Zeit abgelaufen ist.
1920	*Ein Landarzt*	Vierzehn „Kleine Erzählungen": Neben der Titelerzählung die berühmtesten parabelhaften Texte Kafkas wie z. B. *Vor dem Gesetz* und *Ein Bericht für eine Akademie*.
1924	*Ein Hungerkünstler*	Vier Erzählungen, die von Kafka zur Publikation vorbereitet werden, aber erst nach seinem Tod erscheinen. Drei davon ironisieren das Künstlerleben.

Die wichtigsten von Kafka nicht autorisierten postumen Veröffentlichungen

„Restlos und ungelesen zu verbrennen"

Kafka hat seinen Freund und Schriftstellerkollegen Max Brod als Nachlassverwalter beauftragt, alle seine unveröffentlichten Schriften seien „restlos und ungelesen zu verbrennen"[37]. Brod beschloss jedoch, das Werk des Freundes, den er als den größten Dichter des 20. Jahrhunderts betrachtete, der Nachwelt zugänglich zu machen. Bis zu seinem Tod 1968 arbeitete Brod daran, das Wichtigste daraus zu veröffentlichen und ihm möglichst große Anerkennung zu verschaffen. (1939 musste er vor den Nazis nach Palästina fliehen, wobei er Kafkas Manuskripte im Koffer mit sich nahm.)

Der Kafka-Forschung wurden aber mit der Zeit immer mehr die Handschriften zugänglich gemacht, die zeigten, dass Max Brod im Bemühen, den Texten seines Freundes die – nach seiner Auffassung – bestmögliche Form zu geben, recht eigenmächtig damit umging.

Seit 1982 hat eine kritische Werkausgabe im S. Fischer Verlag möglichst alle Schriften Kafkas den Maßstäben heutiger Editionswissenschaft entsprechend der Öffentlichkeit zugänglich gemacht.

ENTSTEHUNG	PUBLIKATION	TITEL
1911–1914	1927 / 1983	In Brods Veröffentlichung 1927 *Amerika*, nach der Handschrift seit 1983 *Der Verschollene*.
1914–1915	1925 / 1990	In Brods Veröffentlichung 1925 *Der Prozess*, nach der Handschrift seit 1990 *Der Process*.
1919	1952	*Brief an den Vater*.
1922	1926 / 1935 / 1982	*Das Schloss*, zunächst von Brod gekürzt, dann erweitert, schließlich nach der Handschrift vollständig.

37 Zitat nach Beicken, S. 9.

ENTSTEHUNG	PUBLIKATION	TITEL
1910–1923	1937 / 1951 / 1990	*Tagebücher*, 1937 von Brod nur in einer Auswahl veröffentlicht, 1951 von ihm vervollständigt, 1990 in der kritischen Ausgabe alle Hefte vollständig.
1902–1924	1937 / 1958 / ab 1999	*Briefe*, zunächst 1937 in den *Gesammelten Werken* Bd. 6 *Tagebücher und Briefe*, dann 1958 in den *Gesammelten Werken* als Einzelband *Briefe 1902–1924*, schließlich ab 1999 in bisher vier Bänden der kritischen Ausgabe.

„EISBERG" DER SCHRIFTEN KAFKAS

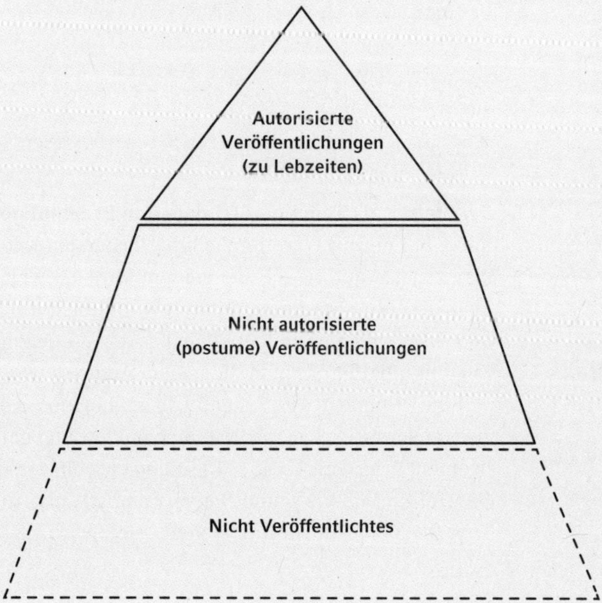

Es soll auch jetzt noch unveröffentlichte Handschriften Kafkas im Nachlass Brods geben, um den bis 2012 ein Rechtsstreit zwischen den Erbinnen der Sekretärin von Max Brod, Ilse Ester Hoffe, und dem Staat Israel geführt wurde.

Texte mit Themen- und Motiventsprechungen zum Romanprojekt *Der Verschollene*

Wolfgang Jahn ordnet den *Verschollenen* zwei Trilogien zu, derjenigen dreier Erzählungen aus dem Jahre 1912 und derjenigen der drei großen Romanprojekte. Als Bindeglied der doppelten Verzahnung betrachtet er das selbstständig veröffentlichte Fragment *Der Heizer*[38]:

Das Urteil (Sept. 1912)		
Der Heizer (Okt. 1912)	------>	*Der Verschollene* (1911–1914)
Die Verwandlung (Nov. 1912)		*Der Process* (1914–1915)
		Das Schloss (1922)

Der Heizer als Teil einer Trilogie von Erzählungen

Erzähl-Trilogie *Die Söhne*

Kafka hat nur die Veröffentlichung des ersten Kapitels seines Romanprojekts autorisiert und seinem Verleger Kurt Wolff am 4. 4. 1913 geschrieben, dieser Text werde angesichts der „500 nächsten und vollständig misslungenen Seiten“ ein Fragment bleiben, „diese Zukunft gibt dem Kapitel die meiste Abgeschlossenheit.“[39]

Eine Öffnung des Fragments sah er hingegen in dessen Bezug zu zwei anderen Texten, die im gleichen Zeitraum entstanden waren: In einem Brief vom 11. 4. 1913 schlug er Wolff vor, die Erzählungen *Der Heizer*, *Das Urteil* und *Die Verwandlung* als Trilogie unter dem Titel *Die Söhne* zu veröffentlichen.

---

38 Vgl. Jahn, *Kafkas Roman*, S. 20.
39 Zitiert nach: Heller/Beug, S. 41 f.

ERZÄHLUNG	INHALT
Der Heizer. Ein Fragment	Der sechzehnjährige Karl Roßmann hat sich durch die Schwängerung eines Dienstmädchens in seiner Familie unmöglich gemacht, wird von dieser nach Amerika geschickt und findet in einem ebenfalls ausgewanderten reich gewordenen Onkel, der von dem Dienstmädchen heimlich auf seine Ankunft aufmerksam gemacht wurde, eine Art Ersatzvater.
Das Urteil	Der junge Kaufmann Georg Bendemann teilt seinem nach Petersburg ausgewanderten Jugendfreund seine Verlobung mit und bedauert diesen in seiner Emigration. Als er sich um seinen Vater kümmern will, verwünscht ihn dieser, sagt, er selbst stehe schon längst heimlich in Kontakt mit dem Emigrierten, und verurteilt Georg zum Tod durch Ertrinken. Dieser vollzieht das Urteil sofort durch einen Sprung in den nahen Fluss.
Die Verwandlung	Der Handlungsreisende Gregor Samsa, Ernährer seiner Familie, erwacht eines Morgens zum Ungeziefer verwandelt und muss erfahren, wie seine Familie ihn immer mehr entbehren kann. Der Vater verwundet ihn schwer, und die Schwester erträgt ihn nicht mehr, bis er schließlich verendet und die Familie so von sich erlöst.

Im Manuskript des *Heizers* hat Kafka aus Versehen mehrmals „Georg" anstelle von „Karl" geschrieben, in jenem der *Verwandlung* mehrmals „Karl" anstelle von „Gregor". Das zeigt, wie eng verzahnt die drei Erzählungen für ihn waren.[40] Gemeinsam ist ihnen die Verstoßung der Söhne aus dem Kreis ihrer Familie.

Der Verschollene als Teil einer Trilogie von Romanprojekten

Roman-Trilogie „der Einsamkeit"

In seinem Nachwort zur ersten Ausgabe des *Verschollenen* bezeichnet Max Brod das Romanprojekt 1927 als Teil einer „Trilogie der

---

40 Vgl. Jahn, *Kafkas Roman*, S. 20, Anm. 14.

Einsamkeit".[41] Diese Auffassung hat Kafka selbst „durch die symbolische Namens-Chiffre ‚K' seiner Helden nahegelegt (...): Karl Roßmann, Josef K. und K., der Landvermesser."[42]

Nach Sandra Schwarz entspringt die Einsamkeit, die Brod anspricht, in den drei Romanen der Verstoßung ins Exil: „Das von Roman zu Roman steigende Integrationsbedürfnis der Zentralfigur trifft auf steigenden Widerstand ihren Beheimatungsversuchen gegenüber."[43] So erzählt Kafka in den drei Romanen „die Geschichte der bereits erarbeiteten Genese seines literarischen Exils."[44]

ROMANPROJEKT	INHALT
Der Verschollene 1911–1914	Der sechzehnjährige Karl Roßmann versucht sich in Amerika in mehreren Anläufen gegen ungerechte Behandlungen und Übervorteilungen zu behaupten, scheitert aber immer wieder, bevor sich ihm im „Naturtheater von Oklahoma" als „Negro" eine letzte Chance zu bieten scheint.
Der Process 1914–1915	Der dreißigjährige Josef K. sieht sich durch eine unergründliche Macht „verhaftet", versucht in mehreren Anläufen herauszufinden, wer ihn wofür anklagt, und sich von der Anklage zu befreien, bis er schließlich am Vortag seines einundreißigsten Geburtstages in einem Steinbruch mit einem Fleischermesser hingerichtet wird.
Das Schloss 1922	K. versucht in mehreren Anläufen vergeblich, sich von einer Schlossverwaltung die Anstellung als Landvermesser in dem unter dem Schloss gelegenen Dorf bestätigen zu lassen, und scheitert auch beim Versuch, im Dorf Anschluss zu finden.

41 Zitiert nach: ebd., S. 20.
42 Ebd.
43 Schwarz, S. 158.
44 Ebd., S. 159.

EINORDNUNG IN ZWEI TRILOGIEN

1912 *Das Urteil*
Der Heizer
Die Verwandlung

Verstoßung und Exil:
verlorene, ersehnte, nicht erreichbare Existenz

1912–1914 *Der Verschollene*
1914–1915 *Der Process*
1922 *Das Schloss*

3. TEXTANALYSE UND -INTERPRETATION

3.1 Entstehung und Quellen

ZUSAMMENFASSUNG

- → In drei Schreibphasen entstehen insgesamt mehr als 600 Seiten, von denen nach Kafka nur 56 „übrig bleiben“[45] sollen: *Der Heizer*.
- → Amerika ist für Kafka schon früh ein Thema. Er bezieht seine Informationen aus Büchern, Zeitschriften und persönlichen Zeugnissen.
- → Literarisch wird der *Der Verschollene* vor allem von Charles Dickens und Walt Whitman beeinflusst.

Der Entstehungsprozess

Pläne

Erinnerung an frühes Romanprojekt

Am 19. Januar 1911 erinnert Kafka sich in seinem Tagebuch, dass er als Jugendlicher einen Roman zu schreiben anfing, „in dem zwei Brüder gegeneinander kämpften, von denen einer nach Amerika fuhr, während der andere in einem europäischen Gefängnis blieb.“[46]

Erste Schreibphase	Etwa neun Monate später, im Herbst 1911, beginnt er intensiv an einem Roman zu schreiben, der in Amerika spielt. Bis ungefähr Juli 1912 entstehen rund 200 Manuskriptseiten, von denen nichts erhalten ist, da Kafka die „gänzlich unbrauchbaren“[47] Blätter vernichtet hat.	ca. 200 Manuskriptseiten  zerstört

---

45 Zitiert nach: Heller/Beug, S. 41.
46 Kafka, *Tagebücher*, S. 111.
47 Zitiert nach: Heller/Beug, S. 41.

Zweite Schreibphase	Am 25. September 1912, zwei Tage nach der Niederschrift der Erzählung *Das Urteil*, beginnt Kafka mit neuem Mut die Niederschrift einer zweiten Fassung des Romans und schreibt – unterbrochen im November durch die dreiwöchige Niederschrift der Erzählung *Die Verwandlung* – bis Ende Januar 1913 sieben Kapitel und den Anfang des achten. Am 26. 1. 1913 schreibt er an Felice Bauer, der Roman laufe ihm auseinander, „ich kann ihn nicht mehr umfassen“ [48], und kündigt an: „Kurz, ich höre gänzlich mit dem Schreiben auf“[49].	ca. 400 Manuskriptseiten,   davon ca. 350 Seiten unveröffentlicht
Veröffentlichung	Am 9./10. März 1913 schreibt Kafka an Felice, „dass als Ganzes nur das erste Kapitel aus innerer Wahrheit herkommt“, der ganze Rest von etwa 350 Seiten sei „zu verwerfen“.[50] Er verständigt sich im April mit seinem Verleger Kurt Wolff über die Veröffentlichung und berichtet Felice am 1. Mai, im selben Monat werde *Der Heizer* als „ganz kleines Buch“[51] erscheinen.	ca. 56 Manuskriptseiten,  „ein ganz kleines Buch“[52]
Dritte Schreibphase	Im Sommer und Herbst 1914, während der Arbeit am zweiten Romanprojekt *Der Process*, nimmt Kafka das erste noch einmal hervor und schreibt das achte Kapitel weiter, einen Teil des neunten und das vollständige zehnte. Diesem hätte mindestens noch ein elftes folgen sollen, doch diesen Plan macht der endgültige – und nicht weiter kommentierte – Abbruch des Projekts zunichte.	ca. 75 Manuskriptseiten,  unveröffentlicht

48 Zitiert nach: Heller/Beug, S. 39.
49 Zitiert nach: ebd., S. 40.
50 Zitiert nach: ebd., S. 41.
51 Zitiert nach: ebd., S. 43.
52 Bild aus http://upload.wikimedia.org/wikipedia/commons/d/d8/De_Der_Heizer._Ein_Fragment_03.PNG (Stand: Mai 2014).

Rückblick

„Roßmann und K., der Schuldlose und der Schuldige"

Im Mai 1915 nimmt Kafka das Manuskript von 1912 wieder hervor und ist „erstaunt über die Schaffenskraft"[53], die ihm damals zur Verfügung stand. Am 30. September 1915 hält er in einer Notiz rückblickend die Romanprojekte *Der Verschollene* und *Der Process* nebeneinander: „Roßmann und K., der Schuldlose und der Schuldige, schließlich beide unterschiedslos strafweise umgebracht, der Schuldlose mit leichterer Hand, mehr zur Seite geschoben als niedergeschlagen."[54] Die Parallele erinnert an das einstige Vorhaben des Jugendlichen, einen Roman über zwei Brüder zu schreiben, von denen der eine nach Amerika fährt und der andere „in einem europäischen Gefängnis"[55] bleibt.

Ein letztes Mal nimmt er das Manuskript im Sommer 1916 wieder hervor und versucht, eine neue Szene zum Leben Karls nach der Trennung von Brunelda zu schreiben.[56]

Anregungen und Quellen

Erste Anregungen

Die ersten Amerikabilder empfing Kafka wohl als Jugendlicher durch die Lektüre von Abenteuergeschichten, die in den USA spielten. Auch sein familiäres Umfeld bot Anregungen:

→ Als er mit 23 Jahren sein Studium abschloss, wanderte sein Vetter Otto Kafka aus Kolin nach Amerika aus, „lebte dort erst unter schwierigsten Bedingungen wie ‚Karl Roßmann' und machte dann Karriere wie sein ‚Onkel Jakob'"[57].

---

53 Binder, *Kafka. Der Schaffensprozeß*, S. 116.
54 Kafka, *Tagebücher*, S. 585.
55 Vgl. S. 38 dieser Erläuterung.
56 Binder, *Kafka. Der Schaffensprozeß*, S. 117.
57 Schlingmann, S. 30.

- Ottos Bruder, der vierzehnjährige Robert, wurde „von der Köchin der Familie ‚verführt', und diese hatte ‚ein Kind von ihm bekommen'."[58] Karl Roßmann hat in Umkehrung die gleichen Initialen wie Robert Kafka: K. R. aus R. K.
- Franz, der dritte Vetter aus Kolin, wanderte 1909 als erst Sechzehnjähriger (vgl. *Der Heizer*) wie Otto nach Amerika aus.

Kafka verfolgte das Schicksal der Auswanderer in seiner Familie mit um so größerem Interesse, als er selbst ans Auswandern dachte und zwischen 1902 und 1914 „mehrfach eine berufliche Tätigkeit im Ausland ins Auge gefasst hat."[59]

Aus demselben Grund interessierte er sich auch für Zeitschriften- und Zeitungsberichte und Lichtbildervorträge über die USA sowie für Filme, die von dort kamen.[60]

Genauere Informationen

Arthur Holitschers *Amerika – heute und morgen* (1911/12)

Mit Sicherheit hat Kafka die Reiseberichte von Arthur Holitscher (1869–1941) gelesen, die vom Herbst 1911 an unter dem Titel *Amerika – heute und morgen* in der Zeitschrift *Die neue Rundschau* erschienen und 1912 als Buch herauskamen. Kafka übernahm daraus viele Einzelheiten (auch Druckfehler wie „Oklahama")[61], aber auch – in verdichteter Form – die kritische Gesamtsicht der gesellschaftlichen Verhältnisse in den USA.[62]

Kurz vor dem Beginn der Arbeit am *Verschollenen*, im September 1911, führte Kafka in Paris ein Gespräch mit einem Krakauer Goldarbeiter, der nach zweieinhalb Jahren in den USA nach Europa zurückgekommen war.[63]

---

58 Ebd.
59 Binder, *Kafka. Der Schaffensprozeß*, S. 77.
60 Vgl. ebd., S. 79 f., 83–93.
61 Vgl. Wirkner, S. 15.
62 Vgl. ebd., S. 21.
63 Vgl. ebd., S. 25.

Am 1. Juni 1912 besuchte er einen Vortrag des Sozialdemokraten Dr. František Soukup (1871–1940) über das amerikanische Wahlsystem und übernahm daraus dann Wesentliches für die Wahlszene in *Der Verschollene.*[64]

Als aufmerksamer Zeitungsleser verfolgte er zudem im Sommer und Herbst 1912 den Wahlkampf des im November zum Präsidenten gewählten Demokraten Woodrow Wilson und dessen sozialkritisches Programm *New Freedom*.[65]

Beides floss in die 400 Manuskriptseiten der zweiten Fassung des *Verschollenen* ein, die im Herbst und Winter 1912 entstand.

Literarische Einflüsse

„Dickens-Nachahmung"

Im Rückblick auf sein erstes Romanprojekt schrieb Kafka am 8. Oktober 1917 in sein Tagebuch, *Der Verschollene* sei „eine glatte Dickensnachahmung"[66], distanzierte sich aber zugleich von Dickens' Stil. Tatsächlich hatte er *David Copperfield* 1911 gelesen[67], und in einem Gespräch mit Gustav Janouch hob er später vor allem Ähnlichkeiten zwischen Karl Roßmann und den jungen Titelhelden der Romane *David Copperfield* und *Oliver Twist* hervor[68]. Gemeinsam ist den drei literarischen Figuren ihre Sensibilität und ihr Gerechtigkeitssinn gegenüber einer ihnen immer wieder feindlich entgegentretenden Welt. Unmittelbar von Dickens Reisebericht *American Notes* übernommen scheint die Ausstattung der Freiheitsstatue im Hafen von New York mit einem Schwert statt einer Flamme zu sein.[69]

---

64 Vgl. ebd., S. 46–51.
65 Vgl. ebd., S. 41–46.
66 Kafka, *Tagebücher*, S. 652.
67 Vgl. Binder, *Kafka-Kommentar*, S. 56.
68 Vgl. Heller/Beug, S. 50.
69 Vgl. Wirkner, S. 19.

Auch durch die Novelle *Der kleine Ahasverus* des dänischen Autors Johannes Vilhelm Jensen[70], die er wohl 1909 las, und durch mehrere Werke des amerikanischen Lyrikers und Romanciers Walt Whitman ließ sich Kafka offenbar inspirieren.[71]

---

70 Vgl. Binder, *Kafka. Der Schaffensprozeß*, S. 80 ff.

71 Vgl. Wirkner, S. 30–40.

3.2 Inhaltsangabe

ZUSAMMENFASSUNG

Der sechzehnjährige[72] Karl Roßmann aus Prag wird von seinen Eltern nach Amerika geschickt, weil ein Dienstmädchen ihn verführt und ein Kind von ihm bekommen hat. Bei der Ankunft in New York begleitet er einen Heizer in die Kapitänskajüte, um dessen Klage zu unterstützen. Dort empfängt ihn sein Onkel, Staatsrat bzw. Senator Jakob, der von dem Dienstmädchen benachrichtigt wurde, und nimmt ihn zu sich. Der Onkel möchte Karl helfen, sich einzuleben, verstößt ihn aber, als Karl gegen seinen Willen die Einladung ins Landhaus eines Geschäftsfreundes annimmt. Auf sich allein gestellt, begegnet Karl zwei arbeitslosen Schlossern, Delamarche und Robinson, die es auf sein Geld abgesehen haben. Er trennt sich von ihnen und bekommt dank einer Oberköchin aus Wien die Stelle eines Liftjungen im Hotel Occidental. Als er Robinson, der eines Nachts völlig betrunken im Hotel auftaucht, helfen will, wird er wegen Vernachlässigung seines Dienstes vom Oberkellner schwer angeklagt und entlassen. Er bringt Robinson zu Delamarche. Dieser zwingt ihn zum Dienst an Brunelda, seiner Geliebten. Eines Tages bringt Karl Brunelda in ein Haus, das offensichtlich als Bordell dient. Später folgt er einem Aufruf zur Anstellung im „Naturtheater von Oklahoma" und fährt mit allen Neurekrutierten durch Amerika dorthin.

72 Im Manuskript von 1912, das der Buchveröffentlichung zugrunde liegt, ist „siebzehnjährig" stehen geblieben. Schon im *Heizer* hat Kafka dies durch „sechzehnjährig" korrigiert, denn auch der Oberköchin gegenüber sagt Karl später, er werde „nächsten Monat sechzehn" (122).

Karl im Glück: Der reiche, mächtige Onkel nimmt sich seiner an – Szene aus der Romanverfilmung „Klassenverhältnisse“ (1983) © Cinetext Bildarchiv

I Der Heizer

Ankunft in New York

Der sechzehnjährige Karl Roßmann aus Prag ist von seinen Eltern nach Amerika geschickt worden, „weil ihn ein Dienstmädchen verführt und ein Kind von ihm bekommen hatte“ (7). Beim Aussteigen kehrt er plötzlich um, will „unten im Schiff“ (7) einen Schirm holen, den er vergessen hat, verirrt sich, trifft einen Heizer deutscher Herkunft, der sich von seinem Vorgesetzten schlecht behandelt sieht, und begleitet ihn zum Kapitän, um ihn zu verteidigen. In der Kapitänskajüte bringen die beiden ihre Klage vor – ungeschickt, wie es

Karl erscheint –, als einer der Herren, Edward Jakob, sich als Karls Onkel, Bruder seiner Mutter, zu erkennen gibt. Er ist vor Jahren nach Amerika ausgewandert und hier nun als erfolgreicher Geschäftsmann und Staatsrat bzw. Senator hoch angesehen. Vom Dienstmädchen heimlich über Karls Ankunft informiert, will er diesen zu sich nehmen. Karl trennt sich weinend vom Heizer, der sich fortan selbst verteidigen muss.

II Der Onkel

Pollunders Einladung

Der Onkel rät Karl zu Vorsicht und Fleiß, um sich in der neuen Welt einzuleben. Er schenkt ihm ein Klavier, damit er das Klavierspiel wieder aufnehmen kann, verschafft ihm Hauskurse bei einem Englischprofessor, ermöglicht ihm Reitlektionen mit einem Herrn Mack und nimmt ihn endlich in seinen Betrieb, „eine Art Kommissions- und Speditionsgeschäftes" (47). Schließlich macht er ihn mit seinen Geschäftsfreunden Green und Pollunder bekannt, ist aber nicht damit einverstanden, dass Karl der Einladung Pollunders in dessen Landhaus in der Nähe New Yorks folgt. Auf dem Weg in Pollunders Auto begegnen sie demonstrierenden Metallarbeitern.

III Ein Landhaus bei New York

Karl wird verstoßen

Bei der Ankunft macht Karl Bekanntschaft mit Klara, der Tochter Pollunders, und trifft wieder auf Green, der sich selbst zum Abendessen eingeladen hat. Nach dem Essen bedrängt Klara ihn, den Abend mit ihr zu verbringen. Von einem Diener erfährt er auf dem Gang in dem sehr weitläufigen Haus, dass sein Reitlehrer Mack mit Klara verlobt und reich ist. Karl möchte zum Onkel zurückkehren, doch Green kündigt ihm an, er werde ihm um Mitternacht etwas Wichtiges mitteilen. Bis dahin spielt Karl für Klara Klavier und bemerkt erst zum Schluss, dass Mack im Nebenzimmer zugehört hat. Um Mitternacht gibt Green ihm einen Brief seines Onkels, der sich darin für immer von ihm lossagt, denn er habe sich ja entschieden, von ihm fortzugehen, und solle nun sein „Leben lang“ (86) bei dieser Entscheidung bleiben. Green übergibt Karl dessen Koffer und Schirm und „eine Karte Dritter nach San Francisco“ (87), wo Karl leichter Arbeit finden werde. Karl fühlt sich von Green betrogen, weil dieser ihn bis Mitternacht zurückgehalten hat, und macht sich sogleich in „eine beliebige Richtung“ (89) auf den Weg.

IV Der Marsch nach Ramses

Delamarche und Robinson

Karl übernachtet in einem kleinen Wirtshaus, inspiziert den wieder erlangten Koffer und weckt dabei seine Zimmergenossen, die Schlosser Delamarche, Franzose, und Robinson, Ire. Er schläft über der Fotografie seiner Eltern ein. Am Morgen nehmen die Zimmergenossen ihn mit auf den Weg zur Arbeitssuche in Butterford. Unterwegs erkennt Karl, dass sie es auf sein Geld abgesehen haben. Am Abend soll er bei der Stadt Ramses im Hotel Occidental Essen besorgen. Eine freundliche Oberköchin gibt Karl einen Esskorb mit und lädt alle drei zum Übernachten im Hotel ein. Inzwischen haben die Schlosser Karls Koffer aufgebrochen, und er traut ihnen nicht mehr, verlässt sie und wird von einem Kellner ins Hotel geholt, vermisst aber die Fotografie seiner Eltern.

V Im Hotel Occidental

Stelle als Liftjunge

Die Oberköchin Grete Mitzelbach aus Wien, mit der Karl Erinnerungen an das inzwischen stark veränderte Prag austauscht, verschafft Karl im Hotel eine Stelle als Liftjunge. Er lernt die achtzehnjährige Schreibmaschinistin Therese Berchtold aus Pommern kennen und freundet sich mit ihr an. Sie erzählt ihm, wie ihre arbeits- und obdachlose Mutter im New Yorker Winter auf einer Baustelle gestorben ist. Karl versieht seinen Dienst gewissenhaft, leidet aber unter der Unruhe im Schlafsaal. Nach etwa einem Monat erzählt ihm der Liftjunge Renell, er sei von Delamarche angesprochen und über Karl ausgefragt worden.

VI Der Fall Robinson

Karls Entlassung

Eines Nachts taucht Robinson, völlig betrunken, im Hotel auf. Karl versucht, ihn im Schlafsaal unterzubringen und verlässt kurz seinen Posten. Für den Oberkellner ist das ein Grund, Karl zu entlassen. Zusammen mit dem Oberportier, der Karl schon lange feindlich gesinnt ist, verdächtigt er ihn in einem längeren Verhör auch des Diebstahls. Es gelingt ihm auch, die anfänglich zu Karl haltende Oberköchin von dessen Schuld zu überzeugen. Obwohl klar ist, dass Karl das Hotel verlassen wird, hält ihn der Oberportier zurück und drangsaliert ihn. Robinson wird von den Liftjungen verprügelt und bringt Karl dazu, in einem Taxi mit ihm wegzufahren.

Ohne Titel (Es mußte wohl eine entlegene ...)[73]

Karls Verschleppung zu Brunelda

Karl wird von Delamarche in einer Vorstadtstraße von Ramses erwartet. Karl will die beiden unverzüglich wieder verlassen, wird aber von der Polizei angehalten und von Delamarche angeschwärzt und muss fliehen. Delamarche rettet ihn vor dem Zugriff der Polizisten und bringt ihn ins überfüllte Zimmer der ehemaligen Sängerin Brunelda, seiner Geliebten, der er nun dienen soll. Karl will fliehen, wird aber von Delamarche bewusstlos geschlagen. In der Nacht unterhält er sich vom Balkon aus mit einem Studenten in einer benachbarten Wohnung. Dieser rät ihm, den neuen Dienst nicht zu verlassen.

Ohne Titel („Auf! Auf!" rief Robinson ...)

Dienst bei Brunelda

Brunelda tyrannisiert bei ihrer umständlichen Morgentoilette die drei Männer, die ihr beistehen, auch ihren Geliebten Delamarche.

---

73 Max Brod hat dieses Kapitel mit „Ein Asyl" betitelt.

Karl und Robinson besorgen bei der missmutigen Vermieterin ein Frühstück, das aus den Essensresten der übrigen Mieter besteht.

Fragmente

(1) Ausreise Bruneldas

Ort: Straße

Bruneldas Abtransport

Karl, zunächst noch begleitet vom Studenten, bringt die gehbehinderte, mit einem grauen Tuch bedeckte Brunelda in einem Handwagen zum „Unternehmen Nr. 25“. Unterwegs wird er von einem Polizisten und einem Milchmann nach seiner Fracht gefragt. Der Polizist bemerkt ironisch: „so ein Fräulein ist das Fräulein“ (266), was vermuten lässt, dass Brunelda in einem Bordell unterkommen wird.

(2) Ohne Titel[74]

Ort: Clayton

Als technischer Arbeiter beim Theater von Oklahoma

Karl sieht ein Plakat, auf dem ein Theater von Oklahoma Personal sucht. Er erhofft sich eine Arbeit, „die keine Schande war“ (271), fährt nach Clayton und wird dort unter dem „Rufnamen aus seinen letzten Stellungen: ‚Negro‘“ (281) als technischer Arbeiter angestellt. Beim Empfangsessen, trifft er Giacomo wieder, einen Liftjungen des Hotels Occidental. Nach dem Essen eilen alle für eine längere Zugreise zum Bahnhof.

(3) Ohne Titel

Ort: Im Zug

In zwei Tagen und zwei Nächten fährt Karl mit Giacomo und den anderen Aufgenommenen durch Amerika und ist beeindruckt von dessen Größe und von den Berglandschaften.

---

74 Max Brod hat dieses Kapitel mit „Das Naturtheater von Oklahoma“ betitelt.

3.3 Aufbau

ZUSAMMEN-FASSUNG

- → Der Text konzentriert sich auf einen einzigen, in linearer Abfolge erzählten Handlungsstrang.
- → Die einsträngige Handlung lässt sich in sieben Handlungsschritte unterteilen, die dem gleichen Muster folgen.
- → In der Abfolge der Handlungsschritte und in deren Grundmuster zeigt sich die Struktur eines Entwicklungs- bzw. Bildungsromans.
- → Die Erzählinstanz hält sich durchweg an die Wahrnehmungen und Überlegungen Karls als ihrer Reflektorfigur und markiert zugleich immer eine gewisse Distanz zu dessen Subjektivität.
- → Als regelmäßiger Kinogänger und großer Filmkenner lässt Kafka sich vom neuen Medium zum kinematographischen Erzählen anregen.

Handlungszusammenhang

Lineare Abfolge mit wenigen Rückblicken

Der Text erzählt in linearer Abfolge, was Karl ab seiner Ankunft in New York in der neuen Welt geschieht. Nur vereinzelt wird im erinnernden Rückblick Karls seine Vorgeschichte in Prag mit erzählt.

Eine Ausnahme bildet die Erzählung Thereses vom Tod ihrer Mutter. Sie erhält durch diese Sonderstellung eine besondere Bedeutung als „Achse (…) im Zentrum des Romans“[75].

Insgesamt konzentriert sich der Text ganz auf den einen Handlungsstrang der Geschichte Karls in Amerika.

---

75 Beicken, S. 257.

Handlungsschritte

Entsprechend dem Entstehungsprozess gliedert sich der Text in zwei Teile:

Acht Kapitel und drei Fragmente

→ die Kapitel 1–8, die eine fortlaufende Handlung darstellen,
→ die Fragmente 1–3, deren Bezüge zum vorausgehenden Hauptteil und untereinander sich nur erraten lassen.

Die Kapitel 1–6 stellen eine fortlaufende Handlung dar, diese lässt sich jedoch in fünf Handlungsschritte unterteilen, die durch den Ort und den Handlungsverlauf in sich abgeschlossen sind.

Die ersten vier Handlungsschritte decken sich mit den Kapiteln 1–4, der fünfte erstreckt sich über die Kapitel 5–6.

1. Handlungsschritt
Kapitel: I Der Heizer
Ort: ein Schiff im Hafen von New York
Handlung: Anschluss Karls an den Heizer – Eingreifen des Onkels – Trennung Karls vom Heizer

2. Handlungsschritt
Kapitel: II Der Onkel
Ort: das Haus des Onkels
Handlung: Anschluss Karls an den Onkel – Eingreifen Pollunders – Trennung Karls vom Onkel

3. Handlungsschritt
Kapitel: III Ein Landhaus bei New York
Ort: das Landhaus Pollunders
Handlung: Anschluss Karls an Pollunder – Eingreifen Klaras und Greens – Trennung Karls von Pollunder

4. Handlungsschritt
Kapitel: IV Der Marsch nach Ramses
Ort: ein kleines Wirtshaus – Straße nach Ramses – Hotel Occidental
Handlung: Anschluss Karls an Delamarche und Robinson – Eingreifen der Oberköchin – Trennung Karls von Delamarche und Robinson

5. Handlungsschritt
Kapitel: V Im Hotel Occidental
Ort: Hotel Occidental
Handlung: Anschluss Karls an die Oberköchin und Therese –

Kapitel: VI Der Fall Robinson
Ort: Hotel Occidental
Handlung: – Eingreifen Robinsons und des Oberkellners – Trennung Karls von der Oberköchin und Therese

Gemeinsames Handlungsmuster

Das den fünf Schritten gemeinsame Handlungsmuster besteht aus drei Phasen:

HANDLUNGSMUSTER

Möglicherweise setzt sich dieses Handlungsmuster auch noch in den von Kafka nicht betitelten Kapiteln 7 und 8 sowie in den Fragmenten fort.

Versuchsweise lassen sich so zwei weitere Handlungsschritte unterscheiden:

Die fragmentarische Fortsetzung

6. Handlungsschritt
Kapitel: (VII) Ohne Titel[76]
Ort: Vorstadtstraße von Ramses – Mietshaus
Handlung: Anschluss Karls an Delamarche, Robinson und Brunelda wird hergestellt.

Kapitel: (VIII) Ohne Titel
Ort: Mietshaus
Handlung: Anschluss Karls an Delamarche, Robinson und Brunelda wird fortgesetzt.

Fragment 1
Ort: Straße
Handlung: Trennung Karls von Delamarche, Robinson und Brunelda
Die Geschichte ist lückenhaft erzählt, so lässt sich nicht erkennen, wie Karl sich von Delamarche und Robinson trennt und ob dies sowie seine Trennung von Brunelda auf das Eingreifen weiterer Personen zurückzuführen ist.

7. Handlungsschritt
Fragment 2
Ort: Clayton
Handlung: Anschluss Karls ans Theater von Oklahoma und Giacomo wird hergestellt.

---

76 Max Brod hat dieses Kapitel mit „Ein Asyl" betitelt.

Fragment 3
Ort: im Zug
Handlung: Anschluss Karls ans Theater von Oklahoma und Giacomo wird fortgesetzt.

Hier ist nur die erste Phase fassbar. Möglich wäre auch hier, dass das Eingreifen einer dritten Person zu einer abschließenden Trennung führt, wodurch der Titel *Der Verschollene* auch zum Schluss seine Berechtigung behielte.

Struktur eines Entwicklungsromans

Zwei Grundthemen

Das allen Schritten (außer dem bloß eingeleiteten siebten) gemeinsame Handlungsmuster zeigt einen jungen Neuankömmling in Amerika, der versucht, gesellschaftlich Anschluss zu finden, vorübergehend Erfolg hat, dann scheitert und von vorne anfangen muss.

Darin zeigen sich zwei Grundthemen des Textes:

1. Die Integration eines neuen Einwanderers in eine Gesellschaft, die selbst mehrheitlich aus Einwanderern besteht (Onkel, Delamarche, Robinson, Oberköchin, Therese, Giacomo).
2. Die Integration eines jungen Menschen in eine bestimmte Gesellschaftsordnung.

Tradition des Entwicklungs- und Bildungsromans

Durch dieses zweite Grundthema und durch seine Darstellung in einer Abfolge einzelner Einheiten, die das fortdauernde Auf und Ab des Protagonisten beim Versuch zur Integration zeigen, erinnert *Der Verschollene* an die Tradition des Entwicklungs- und Bildungsromans und seines Vorgängers, des Pikaro-Romans.[77]

---

77 Nach Detlev Kremer kann Karl verstanden werden „als Pikaro in einer Reduktionsform des Schelmenromans" (Kremer, S. 244).

Darin könnte mit ein Grund liegen, dass Kafka den *Verschollenen* mit *David Copperfield* und *Oliver Twist* verglichen hat, zwei Entwicklungs- bzw. Bildungsromanen der englischen Literatur.

Im Sinn des Bildungsromans versteht auch Karls Onkel den Neustart des jungen Neuankömmlings in Amerika. Er möchte diesem die bestmögliche Integration und die Chance zum gesellschaftlichen Aufstieg bieten und sagt, „die ersten Tage eines Europäers in Amerika seien ja einer Geburt vergleichbar" (40), sieht also den Entwicklungsgang Karls wie jenen des Protagonisten eines Bildungsromans dann beginnen, wenn er „in die menschliche Welt eintrete" (40).

Fortlaufender sozialer Abstieg

Doch mit der Trennung vom Onkel beginnt – im Gegensatz zum Entwicklungs- und Bildungsroman – der fortlaufende soziale Abstieg Karls, „der sich zyklisch als ein Aufnehmen und Ausstoßen durch die jeweilige Umwelt vollzieht."[78] Karl wird wiederholt „in das Niemandsland der außergesellschaftlichen Sphäre"[79] ausgestoßen, so dass „ als Hauptstruktur die Erfahrungslinie des Scheiterns, des Verschollengehens"[80] bleibt.

Thereses Erzählung als „Achse"

Die Erzählung Thereses vom Tod ihrer Mutter als „Achse"[81] der Romanstruktur lässt erkennen, dass die objektiven Verhältnisse des Einwanderungslandes für das Scheitern eines Ankömmlings ebenso verantwortlich sind wie dessen subjektive Verkennung derselben. Thereses Erzählung dient also „als parabolischer ‚Augenöffner', der den Protagonisten zur Besinnung rufen, ihm eine Einsicht in die Realität vermitteln soll"[82], hat aber „auch für den distanziert betrachtenden Leser"[83] eine bewusstseinserhellende Funktion.

---

78 Plachta, S. 449.
79 Beicken, S. 254.
80 Ebd.
81 Ebd., S. 257.
82 Ebd.
83 Ebd.

HANDLUNGSSCHRITTE

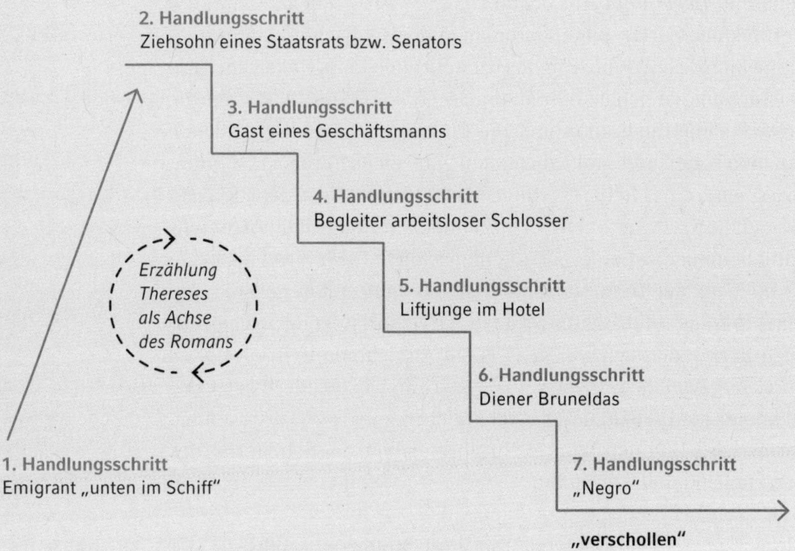

Ambivalentes Erzählverhalten

Wechsel ins personale Erzählverhalten

Die nicht ausdrücklich hervortretende Erzählinstanz zeigt im Nebensatz zu Beginn, dass sie durchaus auktorial über Karl und seine Geschichte Auskunft geben könnte, übernimmt dann aber schon im Hauptsatz seine Sichtweise, wechselt also ins personale Erzählverhalten:

> „Als der siebzehnjährige Karl Roßmann, der von seinen armen Eltern nach Amerika geschickt worden war, weil ihn ein Dienstmädchen verführt und ein Kind von ihm bekommen hatte, in dem schon langsam gewordenen Schiff in den Hafen von New

> York einfuhr, erblickte er die schon längst beobachtete Statue der Freiheitsgöttin wie in einem plötzlich stärker gewordenen Sonnenlicht." (7)

Karl als Reflektorfigur

Im Weiteren hält sie sich fast durchweg an die Wahrnehmungen, Empfindungen und Überlegungen Karls als ihrer Reflektorfigur. Das erklärt auch die oben beobachtete Linearität der einsträngigen Handlung[84]: Wir erfahren mit Karl fortlaufend nur das, was er sieht und was ihm zustößt.

Als Karl im ersten Kapitel seinen Schirm suchen geht, sehen wir mit ihm, was ihm begegnet, und vermuten mit ihm, wie es zu erklären ist:

Beispiele

> „Unten fand er zu seinem Bedauern einen Gang, der seinen Weg sehr verkürzt hätte, zum erstenmal versperrt, was wahrscheinlich mit der Ausschiffung sämtlicher Passagiere zusammenhieng, und mußte sich seinen Weg durch eine Unzahl kleiner Räume, fortwährend abbiegende Korridore, kurze Treppen, die einander aber immer wieder folgten, ein leeres Zimmer mit einem verlassenen Schreibtisch mühselig suchen (...)." (7–8)

Im dritten Kapitel lässt uns Karls Müdigkeit mit ihm darauf schließen, wie lange die Fahrt gedauert haben könnte, und wir hören mit ihm Klara, bevor wir erkennen, wer sie ist:

> „An seiner Müdigkeit beim Aussteigen glaubte Karl zu bemerken, daß die Fahrt doch ziemlich lang gedauert hatte. Im Dunkel der Kastanienallee hörte er eine Mädchenstimme neben sich sagen: ‚Da ist ja endlich der Herr Jakob.' ‚Ich heiße Roßmann', sagte

---

84 Vgl. oben S. 50 dieser Erläuterung.

> Karl und faßte die ihm hingereichte Hand eines Mädchens, das er jetzt in Umrissen erkannte." (54)

Wenn Karl schläft oder ohnmächtig wird, erfahren auch wir nicht, was weiter geschieht:

> „,Du Halunke', hörte er den Delamarche in dem Dunkel, das vor seinen zitternden Augen entstand, noch laut ausrufen. Und in der ersten Erschöpfung, in der er vor dem Kasten zusammensank, klangen die Worte ,Warte nur' noch schwach in den Ohren nach. Als er zur Besinnung kam, war es um ihn ganz finster, es mochte noch spät in der Nacht sein, vom Balkon her drang unter dem Vorhang ein leichter Schimmer des Mondlichts in das Zimmer." (235)

Ereignisse, die für Karl unerklärlich sind, bleiben dies auch für uns. So können wir mit ihm nur zu erraten versuchen, warum sein Onkel ihm mit Green keine Chance lässt, rechtzeitig zu ihm zurückzukehren; und zusammen mit ihm erfahren wir erst dank Robinson, dass dessen Auftritt im „Hotel Occidental" kein Zufall war, sondern Teil des Plans, Karl zum Diener Bruneldas zu machen (vgl. 219).

Bindung des Erzählens an Karls Sicht- und Denkweise

> „Alle Angaben befinden sich auf der Höhe von Karls jeweiligen Kenntnissen. Kafka erzählt eigentlich nicht Karls Leben; er zeichnet vielmehr die Geschichte seines Bewusstseins auf, notiert protokollarisch den Ablauf der Ereignisse in Karls mitlebendem Bewusstsein. Darum treten die Fakten nicht nach ihrem inneren Zusammenhang geordnet auf, sondern in der Reihenfolge und in der Beleuchtung, wie sie Karl erscheinen."[85]

---

85 Thalmann, S. 96.

Diese durchgängige Bindung des Erzählens an Karls Sicht- und Denkweise bewirkt, dass seine Umwelt – das neue Land Amerika – uns beim Lesen so unvorhersehbar, undurchschaubar und fremd erscheint wie ihm.

Auktoriale Ausnahmen

Doch, wie oben schon festgehalten, kann die Erzählinstanz vereinzelt durchaus ins auktoriale Verhalten wechseln, um Auskünfte zu geben, die über Karls Wahrnehmungs- und Bewusstseinshorizont hinausreichen. So z. B. wenn sie die Beziehung zwischen Karl und Therese charakterisiert:

> „(…) Karl verstand schon nach seinen Erfahrungen aus dem Schlafsaal den Wert des eigenen verhältnismäßig ruhigen Zimmers und wenn er es auch nicht ausdrucklich sagte, so merkte Therese doch, wie ihm ihr Zimmer gefiel. Sie hatte keine Geheimnisse vor ihm und es wäre auch nicht gut möglich gewesen, nach ihrem Besuch damals am ersten Abend noch Geheimnisse vor ihm zu haben. Sie war ein uneheliches Kind, ihr Vater war Baupolier und hatte die Mutter und das Kind aus Pommern sich nachkommen lassen (…).“ (136)

Häufiger aber lässt die Erzählinstanz ein auktoriales Verhalten als Möglichkeit aufscheinen, indem sie uns daran erinnert, dass wir es mit Karls Sicht- und Denkweisen zu tun haben, und diese ausdrücklich als solche kennzeichnet:

> „Da konnte Karl nicht mehr untätig bleiben. Er gieng also langsam zu der Gruppe hin und überlegte im Gehn nur desto schneller, wie er die Sache möglichst geschickt angreifen konnte. Es war wirklich höchste Zeit, noch ein kleines Weilchen und sie konnten ganz gut beide aus dem Bureau fliegen. Der Kapitän mochte ja ein guter Mann sein und überdies gerade jetzt, wie es

Karl schien, einen besonderen Grund haben, sich als gerechter Vorgesetzter zu zeigen, aber schließlich war er kein Instrument, das man in Grund und Boden spielen konnte (…).“ (21)

Objektivierende Distanz

Hier werden durchweg Karls Überlegungen wiedergeben, und dies hauptsächlich in der erlebten Rede, d. h. der unmittelbaren Übernahme seiner Gedanken in der Vergangenheits- und Er-Form des Erzählens. Wir erkennen diese Gedanken also klar als diejenigen Karls, aber die Erzählinstanz schiebt doch noch erläuternd ein: „wie es Karl schien“, verweist so ausdrücklich auf Karls subjektive Sicht- und Denkweise und schafft so eine objektivierende Distanz zu ihm.

Ähnliche Beispiele ließen sich häufen, hier nur noch eines aus dem letzten Kapitel des fortlaufenden Textes:

„(…) Karl jedoch sah ein, daß man auf die Herrschaft nur dadurch einwirken könne, daß man ihr zweifellose Arbeit zeige. Er zog daher ein niedriges japanisches Tischchen aus einem Winkel, überdeckte es mit einem Tuch und stellte die mitgebrachten Sachen auf. Wer den Ursprung des Frühstücks gesehen hatte, konnte mit dem Ganzen zufrieden sein, sonst aber war, wie sich Karl sagen mußte, manches daran auszusetzen.“ (256)

Ambivalentes Erzählverhalten

Beim Lesen folgen wir so zwar immer dem Tun und Denken Karls, können uns aber nicht ganz mit ihm identifizieren, weil die Erzählinstanz uns immer daran erinnert, dass es seine Wahrnehmungen und Überlegungen sind, denen wir folgen.

Die Erzählinstanz lässt uns also das, was Karl erlebt, nicht nur als ebenso undurchschaubar und fremd erscheinen, wie es sich ihm darbietet, sie erhöht unsere damit gegebene Unsicherheit noch dadurch, dass sie diese Wahrnehmungen und Überlegungen immer wieder ausdrücklich als diejenigen Karls kennzeichnet.

Dieses ambivalente Erzählverhalten versetzt uns in die Situation, zum Verständnis der Geschichte jeweils das übernehmen zu müssen, was Karl erlebt und denkt, und zugleich Abstand davon zu nehmen, weil betont wird, dass nur er es so erlebt. Wie in seinem übrigen Werk gelingt es Kafka so auch hier, eine Atmosphäre der Ungewissheit und Befremdung zu schaffen.

Kinematographisches Erzählen

Als regelmäßiger Kinogänger[86] und großer Filmkenner lässt Kafka sich vom neuen Medium in mehreren Hinsichten zum „kinematographischen Erzählen" (Peter-André Alt) anregen.

Technik des ‚camera eye'

1. Bestimmte Szenen werden durch die Technik des ‚camera eye' perspektiviert, so z. B. schon im ersten Satz des Romans, wenn der Blick Karls von der Fern- in die Naheinstellung wechselt, als er „die schon längst beobachtete Statue der Freiheitsgöttin wie in einem plötzlich stärker gewordenen Sonnenlicht" (7,7–9) sieht.
2. Die Schnelligkeit der Vorgänge z. B. in amerikanischen Straßenszenen (40,1–14; 52,20–53,15; 112,13–18) oder bei der Flucht Karls vor der Polizei (197,21–199,1) wird durch die simulierte Folge bewegter Bilder dargestellt, „wie sie für die Ablaufgeschwindigkeit des frühen Films bestimmend ist"[87].
3. Einzelne Slapstick-Sujets scheinen unmittelbar bestimmten Filmen Chaplins zu entstammen, so etwa, wenn Karl auf seiner Flucht, „um die Polizeileute möglichst zu überraschen, auf einem Fuß sich schwenkend rechtwinklig" (198,29–30) in eine Gasse einbiegt.

---

86 Vgl. zu diesem Thema Alt u. Zischler.
87 Alt, S. 69.

4. Metaphorisch wird auf Beleuchtungsverhältnisse im flimmernden Kinobild hingewiesen, so im Licht über der New Yorker Straßenszene, „das dem betörten Auge so körperlich erschien, als werde über dieser Straße eine alles bedeckende Glasscheibe jeden Augenblick immer wieder mit aller Kraft zerschlagen." (40,9–14)[88]
5. Der Roman erzählt auch „eine Geschichte des Sehens und Beobachtens"[89], die auf den Film verweist, so in den Szenen des Wahlkampfes, wenn zu Beginn das Licht seitens der Zuschauer ausgemacht wird, damit die vorgeführten Bilder sichtbar werden (222,30–37), und umgekehrt zum Schluss das Licht der Bilder erlöscht, weil die Vorführung zu Ende ist (232,17–29).

Kafka wusste, dass die Filmnation Amerika im neuen Medium schon vor 1914 weltweit führend wurde, das mag mit ein Grund dafür sein, dass er seinen Amerikaroman als „Kinogeschichte"[90] erzählt.

---

88 Vgl. ebd., S. 69.
89 Ebd., S. 95.
90 Ebd.

3.4 Personenkonstellation und Charakteristiken

ZUSAMMEN-FASSUNG

→ Die Personen, denen Karl begegnet, nehmen verschiedene Stufen im gesellschaftlichen Machtgefüge ein. Karl steht – neben dem Heizer – auf der untersten Stufe.
→ Die wichtigsten Personen lösen einander in einer väterlichen, mütterlichen oder geschwisterlichen Beziehung zu Karl ab.

Karl Rossmann als Zentralfigur

Die zentrale Figur des Romans ist Karl Roßmann. Er ist der „Verschollene", von dem auch der Titel spricht. In seinen mehrfachen Anläufen, im neuen Land Anschluss zu finden, begegnet er einer Vielzahl von Personen.

Im Folgenden werden nur diejenigen davon aufgeführt und charakterisiert, die für das Gelingen oder Misslingen der verschiedenen Anläufe Karls zum gesellschaftlichen Anschluss maßgebend sind.

Sie unterscheiden sich zunächst durch ihre Zugehörigkeit zu verschiedenen Stufen im Machtgefüge der amerikanischen Gesellschaft, wie *Der Verschollene* sie darstellt.

Das Machtgefüge

Machtordnungen

Besitz und Geschäftsbeziehungen bestimmen die höchste Stufe der Geschäftsmänner um den Onkel Karls. Dieser hat die größte Macht, ist er doch auch Senator. Sein ausführendes Organ ist Green. Pollunder kann ihm nichts anderes als die Einladung an Karl entgegensetzen, und Klara und Mack haben weniger Macht.

Rangstufen im Betrieb bestimmen im Hotel Occidental das Machtgefälle. Karl ist der Macht des Oberkellners und des Oberportiers ausgeliefert. Die Oberköchin, die ihm zunächst geholfen hat,

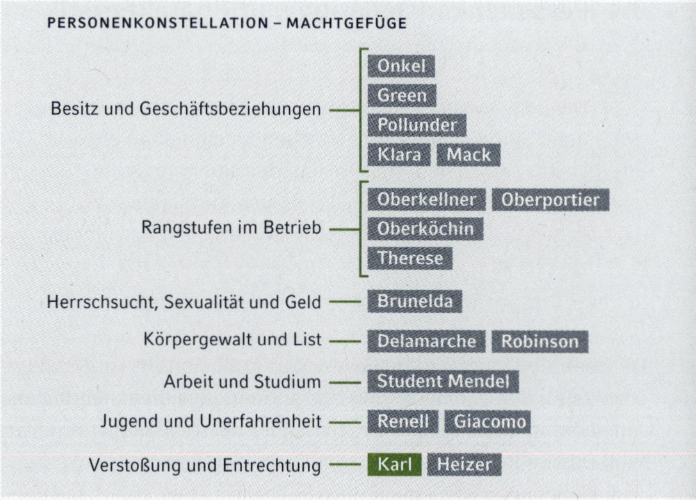

muss sich den beiden Männern fügen. Die „Schreibmaschinistin" Therese wiederum ist der Oberköchin unterstellt.

Herrschsucht, Sexualität und Geld verleihen der tyrannischen Sängerin Brunelda Macht über Delamarche, Robinson und Karl, solange sie von dem Reichtum ihrer Vergangenheit zehren kann.

Gewalt, körperliche Überlegenheit und List verschaffen den arbeitslosen Schlossern Delamarche und Robinson Macht über Karl.

Arbeit und Studium machen den Studenten Mendel unabhängiger als Karl, dafür muss er aber Tag und Nacht arbeiten, um mit dem Lebensunterhalt und dem Studium zurechtzukommen.

Jugend und Unerfahrenheit stellen die Liftjungen Renell und Giacomo fast auf die unterste Stufe im Machtgefälle.

Verstoßung und Entrechtung lassen Karl neben dem Heizer zuunterst seinen Platz finden.

Die Figuren

Widersprüchliche Eigenschaften

Karl Roßmann versteht sich als Deutscher aus Prag. Er ist kaum sechzehnjährig (vgl. S. 72 dieser Erläuterung) und kommt, von seinen Eltern verstoßen, völlig auf sich allein gestellt nach Amerika. Er ist „ein starker Junge" (7), beobachtet seine Umwelt sehr aufmerksam, gerät leicht ins Staunen und ist begeisterungsfähig. Er hätte aufgrund seines Interesses an Technik einst gerne Ingenieur werden wollen, war „gar kein besonders guter Schüler" (11) und lernt nun doch schnell Englisch. Er verhält sich je nach Situation recht widersprüchlich, fasst einerseits schnell Vertrauen in Fremde, steht ihnen auch gerne bei, beurteilt sie dann aber doch kritisch; er passt sich leicht an und kann auf einmal doch ziemlich widerspenstig werden; er hat einen ausgeprägten Gerechtigkeitssinn und urteilt dann doch pragmatisch; er ist meist hartnäckig und robust und dann doch wieder passiv und sehr empfindsam. Er entdeckt viel Neues, ist auch erpicht darauf, macht aber keinen richtigen Lernprozess durch, der es ihm erlauben würde weiterzukommen, sondern macht in immer neuen Situationen immer wieder dieselben Erfahrungen.

Vorgeschichte

Karls Eltern

Der Vater Karls ist an sich klein, hält sich aber auf dem Familienfoto „hoch aufgerichtet" (94). Ein „wagrechter starker Schnurrbart" (94) ziert sein Gericht, die eine Hand hat er zur Faust geballt, und er sieht Karl scharf an. Er und die Mutter verstoßen Karl „zur Vermeidung der Alimentenzahlung und des Skandales" (30) und versehen ihn für seine Reise „mit unverantwortlich ungenügender Ausrüstung" (30). Der Vater verabschiedet Karl in Hamburg und verlangt von ihm streng, regelmäßig nach Hause zu schreiben – was Karl nicht tut.

Die Mutter Karls ist auf dem Familienfoto neben dem Vater eher „ein wenig eingesunken“ (94), und ihr Mund ist „so verzogen, als sei ihr ein Leid angetan worden und als zwinge sie sich zu lächeln“ (94). Sie bringt Karl das Klavierspiel bei, das er beim Onkel wieder aufnimmt. Auf dem Foto sieht Karl ihre Hand herabhängen, „zum Küssen nahe“ (95). Sie trägt die Entscheidung, Karl zu verstoßen, voll mit und ist auch diejenige, die Karl die Entscheidung „am Fenster“ (95,12 f.) mitteilt.

Die Verführerin

Das Dienstmädchen bzw. die Köchin, die 35-jährige Johanna Brummer, verführt Karl, der „keine Gefühle für jenes Mädchen“ (30) hat, fast gewaltsam, bekommt ein Kind von ihm und tauft es nach dem Nachnamen des Onkels auch Jakob. Sie benachrichtigt den Onkel, damit er Karl in New York empfange.

Hauptgeschichte

Opfer von Schikanen?

Der Heizer, namenlos, ist ein „riesiger Mann“ (8) und etwas schwierig im Umgang, gewinnt aber sofort die Sympathie Karls. Er muss das Schiff verlassen – so wie er schon viele andere verlassen hat – und will auch selbst gehen, weil er sich als Deutscher auf einem deutschen Schiff zu Unrecht von einem Rumänen schikaniert fühlt. Karl findet, er verteidige sich ungeschickt. Offenbar ist er nicht unschuldig an dem, was er nun als Benachteiligungen erlebt.

Großzügig und unbarmherzig

Der Onkel Karls, Senator Edward Jakob, steht am anderen Ende der Stufenleiter. Er trägt als Zeichen seiner Macht ein Bambusstöckchen in der Hand, das „wie ein Degen“ (16) absteht. Er ist schon vor über dreißig Jahren in die USA gekommen, hat sich umbenannt und ist zum Amerikaner geworden. Er hat sich zum reichen Geschäftsmann und gar Senator hochgearbeitet und möchte Karl denselben Weg eröffnen. Deshalb mahnt er ihn zu Vorsicht, Strebsamkeit und Fügsamkeit. Er ist einerseits freundlich und großzügig, andererseits streng und autoritär. So verlangt er von Karl, dass er nicht länger als einen Abend und eine Nacht wegbleibt, um seine Lernpflichten nicht zu vernachlässigen, und verstößt ihn, als sein Neffe die Rückkehr um Mitternacht verpasst.

Verständnisvoller Verführer

Pollunder ist als Bankier ein Geschäftsfreund des Onkels. Etwas dicklich und unbeholfen, ist er im Gegensatz zum Onkel eher weich und entgegenkommend, also eher „mütterlich". Er zeigt sofort großes Interesse an Karl, hat wenig Verständnis für die Vorschriften des Onkels und verführt Karl zu einem längeren Besuch in seinem Landhaus. Als Karl dann vom Onkel verstoßen und von Green verabschiedet wird, lässt er diesen gewähren.

Beauftragter des Onkels

Green ist ebenfalls ein Geschäftsfreund des Onkels. Er entwickelt im Gegensatz zu Pollunder nur ein förmliches Interesse an Karl. Im Auftrag des Onkels kommt er ebenfalls zu Pollunder und fällt Karl beim Essen durch seine Essgier auf. Er führt die Anweisungen des Onkels ohne Mitgefühl für Karl aus und lässt diesen wahrscheinlich mit Absicht in die Zeitfalle laufen.

Dominant-launenhaftes Mädchen

Klara, die Tochter Pollunders, ist das Gegenteil ihres Vaters: Sportlich und fit, ist sie sofort zum Kräftemessen mit Karl bereit und versucht ihn zugleich zu verführen. Sie verlangt von ihm die völlige Unterwerfung unter ihre Launen, bewirkt so, dass er sofort wegfahren möchte, und hält ihn zugleich über die ihm vom Onkel gewährte Zeit hinaus zurück.

Klaras Verlobter

Mack, ein gutaussehender, sportlicher, smarter und von sich überzeugter Millionärssohn, wird vom Onkel zu Karls Reitlehrer bestellt. Bei Pollunder erweist er sich als Klaras Verlobter. Er sagt, er habe Karl zu Pollunder locken lassen, um sein Klavierspiel zu hören, und urteilt dann sehr abschätzig über dieses.

skrupellos

Delamarche, Schlosser auf Arbeitssuche, ist ein dunkelhäutiger Einwanderer aus Frankreich. Im Gespann mit Robinson ist er derjenige, der bestimmt. Er verfolgt seine Interessen auf skrupellose Weise, will zunächst von Karls Ersparnissen profitieren und zwingt ihn später gewaltsam, zum Diener Bruneldas, seiner Geliebten, zu werden, unterwirft sich aber auch selbst deren Launen.

Gefolgsmann von Delamarche

Robinson, Schlosser auf Arbeitssuche wie Delamarche, ist ein Einwanderer aus Irland. Er ist kleiner als Delamarche und dessen Gefolgsmann. Dem Alkohol zugeneigt und sehr gesprächig, verrät er Karl vieles über Delamarche und Brunelda. Er wird zum Diener derselben wie Karl, und von ihm stammt die Idee, Karl zum Abgang vom Hotel Occidental und in die Gewalt Delamarches zu bringen. Er erhofft sich von Karl eine gewisse Erleichterung im anstrengenden Dienst an Brunelda.

Warmherzige Mentorin

Die Oberköchin im Hotel Occidental, Grete Mitzelbach aus Wien, verschafft Karl eine Stelle als Liftjunge und protegiert ihn. Sie mag ihn und teilt mit ihm Erinnerungen an Prag, wo sie ein halbes Jahr gearbeitet hat. Sie sieht sich in ihrem Beruf körperlich überbeansprucht und leidet unter Schlaflosigkeit. Gegenüber dem Oberkellner und dem Oberportier versucht sie zunächst, Karl zu verteidigen, lässt sich durch die beiden aber verunsichern und sieht keine andere Lösung als seinen Weggang.

Schwesterliche Freundin

Therese Berchtold, achtzehnjährig, ist von der Oberköchin aus einem Küchenmädchen zur Sekretärin gemacht worden. Sie gewinnt nicht nur als schwesterliche Freundin Karls größeres Gewicht, sondern auch, weil der Text ihr den längsten Rückblick auf ihr Vorleben widmet. Ihr Vater, ein Baupolier aus Pommern, hat sie als uneheliche Tochter im Säuglingsalter mit ihrer Mutter nach New York kommen lassen, dann aber verlassen, so dass Therese mit fünf Jahren in einem kalten Winterabend den Suizid der Mutter hat miterleben müssen. Therese fördert Karl im Studium der kaufmännischen Korrespondenz und versucht, ihm gegenüber dem Oberkellner und dem Oberportier beizustehen.

Liftjunge von zweifelhaftem Ruf

Renell, einer der wenigen gebürtigen Amerikaner im Roman, ist Liftjunge im Hotel Occidental wie Karl. Er kleidet sich besser als seine Kollegen, scheint ein Verhältnis mit einer reichen Dame zu haben, und übernachtet meist außerhalb des Hotels. Er steht mit Delamarche in Kontakt und ist offenbar dafür verantwortlich, dass Robinson Karl wiederfindet.

Unerbittlicher Vorgesetzter

Der Oberkellner im Hotel Occidental, Herr Isbary, ein schlanker schöner Mann mit großer Nase „in den vierziger Jahren" (129), ist Karls Vorgesetzter. Er spielt „wie im Geheimen" (176) mit der Hand der Oberköchin, ist hingegen Karl gegenüber ganz unerbittlich. So lässt er sich gar nicht auf die Frage ein, warum Karl seinen Dienst für kurze Zeit verlassen hat, und will ihn ohne Wenn und Aber entlassen, denn er verdächtigt ihn auch noch, sich unrechtmäßig bereichert zu haben.

Sadismus und Willkür

Der Oberportier, vom Oberkellner Feodor genannt, sieht sich „in gewissem Sinne als Oberportier über alle gesetzt" (182). Er fühlt sich von Karl zu wenig respektiert und handelt noch willkürlicher als der Oberkellner. Er zieht „mit der freien Hand Therese freundlich an sich" (165), während er mit der andern Karl festdrückt. Auch nachdem Karl schon entlassen ist, hält er ihn weiterhin gewaltsam in seiner Loge fest.

Launische Sängerin

Brunelda, eine launische Sängerin mit üppiger Gestalt, hat sich von einem Kakaofabrikanten scheiden lassen und zieht mit dem Reichtum, den er ihr überlassen hat, zusammen mit Delamarche und Robinson in eine kleine Vorstadtwohnung. Dort tyrannisiert sie die beiden und dann auch Karl, den sie den „Kleinen" nennt. Sie ist gichtkrank und kann sich kaum mehr bewegen. Zum Schluss, nachdem Delamarche und Robinson sie offenbar verlassen haben, fährt Karl sie in einem Handwagen durch die Stadt, um sie in einem Bordell unterzubringen.

Bruneldas fleißiger Nachbar

Josef Mendel, Student, wohnt neben der Wohnung Bruneldas. Am Tag arbeitet er in einem Kaufhaus, nachts studiert er auf dem Balkon seiner Wohnung. Dort begegnet ihm Karl von seinem Balkon

Karl bei Brunelda – Szene aus einer Inszenierung am Berliner Maxim-Gorki-Theater (2004)
© ullstein bild – Lieberenz

aus und erkennt an seinem Beispiel, wie schwierig es ist, eine Arbeit zu finden und auch noch zu studieren. Mendel überzeugt ihn, in Bruneldas Dienst zu bleiben, auch wenn ihm dies zuwider ist.

Ehemaliger Liftjunge

Giacomo, ein kleiner übermüdeter Liftjunge aus Italien, ist mit seinen Eltern erst ein halbes Jahr in Amerika. Er führt Karl in den Dienst ein und muss ihm seine Stelle abtreten, da er im Dienst geschlafen hat. Er wird den Zimmermädchen „zur Hilfeleistung zugeteilt“ (130), taucht aber noch einmal auf, als Karl vom Oberkellner entlassen wird, um zu melden, dass Robinson mit Karl wegfahren wolle. Zur großen Freude beider treffen Karl und Giacomo sich in

Clayton bei der Rekrutierung fürs Naturtheater in Oklahoma wieder und fahren beide im Zug durch Amerika nach Oklahoma.

Wiedersehen mit einer Unbekannten

Fanny taucht erst auf, als Karl auf dem Rennplatz in Clayton die Aufnahmestelle des Naturtheaters von Oklahoma sucht. Sie kennt Karl schon, ohne dass wir ihr im vorherigen Text begegnet wären, stammt wahrscheinlich also aus einer bloß projektierten oder verschwundenen Textpassage. Sie tritt als Trompeten blasender Engel auf, lässt Karl auch Trompete spielen, nennt ihn aufgrund seines guten Spiels einen „Künstler" (275,24), sagt ihm aber, er könne nur als „Teufel" (275,28) angezogen zu den Trompetern kommen, und erwartet, dass er ihr Nachricht darüber gibt, wie er eingestuft werden wird.

Väter, Mütter, Geschwister

Quasi-familiäre Beziehungen

In der Charakterisierung zeigt sich, dass die wichtigsten Personen einander in einer väterlichen, mütterlichen oder geschwisterlichen Beziehung zu Karl ablösen.

VÄTER, MÜTTER, GESCHWISTER

Machtvolle Vaterfiguren

Vater Onkel Green Oberkellner Oberportier Delamarche	→	Allen sechs Vaterfiguren ist gemeinsam, dass sie über Karl verfügen, indem sie ihn entweder verstoßen oder festhalten. Sie rechtfertigen dies dadurch, dass sie ihn beschuldigen: *„Aber auf solche Dinge [gemeint ist gutes Verhalten, D. R.] wird eben im entscheidenden Augenblick offenbar in keinem Weltteil Rücksicht genommen, sondern es wird so entschieden, wie einem in der ersten Wut das Urteil aus dem Munde fährt." (159)*

Geschwächte Mutterfiguren

Mutter Pollunder Oberköchin Brunelda	→	Alle sind körperlich ungeschickt oder geschwächt und haben eine Vaterfigur hinter sich: *„der kleine Vater hoch aufgerichtet (...) die Mutter in dem Fauteuil vor ihm" (94,18–20)* *„Vor der riesigen Gestalt Greens – an Pollunders Größe hatte sich Karl eben schon gewöhnt – " (56,19–21)* *„Der Oberkellner stand knapp hinter der Oberköchin" (168,36 f.).* *„Delamarche stand zuerst mit gekreuzten Armen hinter Brunelda" (224,25 f.)*

Geschwister

Klara Renell	→	unzuverlässig, schaden Karl
Therese Giacomo	→	zuverlässig, helfen Karl
Fanny	→	„Engel"

3.5 Sachliche und sprachliche Erläuterungen

In den folgenden Erläuterungen beziehen sich die Seiten- und Zeilenzahlen auf die Reclam Taschenbuchausgabe Nr. 9688 von *Der Verschollene*.

7,1	**siebzehnjährige**	Diese Altersangabe ist im Manuskript von 1912 stehen geblieben. In der Buchausgabe von *Der Heizer. Ein Fragment* hat Kafka sie in „sechzehnjährige" korrigiert, da Karl der Oberköchin dann auch sagt, er werde „nächsten Monat sechzehn" (122).
7,9 f.	**mit dem Schwert**	Die wirkliche Statue ist mit einer Fackel versehen. Angeregt vielleicht durch Charles Dickens *American Notes*[91] wollte Kafka wohl ein Dreifaches symbolisieren: die Fortsetzung der heimatlichen Unterdrückung in Amerika (vgl. auch 159), den Ausschluss aus dem verlorenen Paradies und die Kraft und Vitalität Amerikas.[92]
8,17	**Sessel**	Prager Deutsch für „Stuhl".
15,3	**Karyatiden**	Weibliche Stützfiguren an Verstrebungen, Balkonen, Gesimsen und Portalen.
23,25	**Kaiserrock**	Schwarzer oder grauer Gehrock, rückwärts bis zur Taille geteilt, bei feierlichen Anlässen tagsüber getragen.
27,21	**Staatsrat**	Von hier bis S. 31 wird der Onkel noch Staatsrat genannt, ab S. 32,1 heißt er, dem amerikanischen System entsprechend, nur noch Senator.

---

91 Vgl. S. 42 dieser Erläuterung.
92 Vgl. Binder, *Kafka-Kommentar*, S. 86.

39,29 f.	**Straße, die zwischen zwei Reihen förmlich abgehackter Häuser**	Beschreibung des Broadways in New York nach einer Abbildung in Arthur Holitschers Reisebericht.[93]
41,16	**Präsident der Union**	US-Präsident.
41,27 f.	**Christmarkt**	Weihnachtsmarkt.
51,29 f.	**steht es aber wirklich fast nicht dafür**	Prager Deutsch für „lohnt sich wirklich fast nicht".
65,1	**Jiu-Jitsu**	Von den japanischen Samurai stammende waffenlose Kampfkunst.
67,18	**geworfen**	„Werfen" steht in der Judosprache für die Technik, den Gegner zu Fall zu bringen.
83,12	**hudelte … hinunter**	Österreichische Umgangssprache für „zu schnell und unsorgfältig ausführen".
83,22	**sein geliebtes Soldatenlied**	Vgl. 43,29–32.
87,20	**im Osten**	Versehen im Manuskript, denn San Francisco liegt im Westen von New York.
90,1	**Ramses**	Erinnert an „das Land Ramses" in der Bibel, 1. Mose, 47,11
95,18 f.	**General der amerikanischen Miliz**	Anspielung auf Friedrich Wilhelm von Steuben, der 1777, aus dem preußischen Dienst entlassen, im amerikanischen Unabhängigkeitskrieg schnell zum erfolgreichen Truppenkommandeur aufstieg.
98,25 f.	**Antiderapants**	Rutschhemmer, hier vielleicht einfach für Reifen.

---

93 Vgl. S. 41 dieser Erläuterung.

101,4	**Boston**	Versehen im Manuskript, gemeint ist Brooklyn.
101,5	**Hudson**	Versehen im Manuskript: Zwischen New York und Brooklyn liegt der East River.
103,3	**schwarze Flüssigkeit**	Wohl Coca-Cola, das ab 1886 in den USA hergestellt und ab 1892 nach Europa exportiert wurde.
104,23	**Viertelpfund**	Versehen im Manuskript, gemeint ist ein Vierteldollar.
120,20 f.	**in der Goldenen Gans am Wenzelsplatz**	Renommiertes Hotel in Prag, 1910 nicht „niedergerissen" (120,24) , sondern im Spätjugendstil umgebaut.
129,16	**beiläufig**	Prager Deutsch für „ungefähr".
134,25	**amerikanischer Stiefelform**	Bequeme Stiefel mit niedrigem, breitem Absatz und großer Auftrittsfläche.
147,34	**auf einem Wege bin**	Prager Deutsch für „einen Auftrag auszuüben habe".
217,12	**Grasfrösche**	Aufgrund ihres natürlichen Umfelds in Feuchtgebieten werden Grasfrösche dem Weiblichen zugeordnet, und aufgrund ihrer schmalen, langen Beine wirken sie jungenhaft. Beides wird mit Schwäche gleichgesetzt.
245,11 f.	**Geschäftsdiener**	Gepäckträger, die Lasten befördern, auch mit Hilfe von Handwagen (vgl. 265,3).
264,10	**Freude davon**	Prager Deutsch für „Freude darüber".
266,3	**so ein Fräulein ist das Fräulein**	Anspielung darauf, dass der Polizist Brunelda als Prostituierte erkennt.
267,29 f.	**Unternehmen Nr. 25**	Firmenbezeichnung, „wie sie für die Benennung durch Verbrechersyndikate typisch erscheint."[94]

94 Binder, *Kafka-Kommentar*, S. 148.

271,4	**Oklahama**	Durchgehender Schreibfehler, der auf das Buch *Amerika – heute und morgen* von Arthur Holitscher zurückgeht.[95]
271,13	**Clayton**	Könnte der Vorort „einer Ostküsten-Großstadt"[96] sein, dann würde Karl süd-westwärts nach Oklahoma im zentralen Süden der USA fahren. Ist aber auch eine Stadt in Kalifornien, dann befände Karl sich vorher in Kalifornien, wohin Green ihn verwiesen hat, und er würde dann „zwei Tage und zwei Nächte" (292,1) durch Amerika ostwärts fahren.
272,35–37	**Frauen als Engel gekleidet (...) auf goldglänzenden Trompeten bliesen**	Die Trompeten blasenden Engel erinnern an die Posaunen blasenden Engel im Offenbarungskapitel der christlichen Bibel (Offenbarung 8,2). Das Naturtheater von Oklahoma wird angekündigt wie bei den Christen das jüngste Gericht.
275,28	**als Teufel angezogen**	Im jüngsten Gericht werden die Sünder „nach ihren Werken" (Offenb. 20,12) dem Teufel übergeben.
281,34	**Negro**	Könnte als Deckname unter Gangstern verstanden werden, was bedeuten würde, dass ein Verbrechersyndikat Karl die „letzten Stellungen" (281,34) geboten hat.[97]
291,18	**Abteilung**	Wagenabteil

---

95 Vgl. S. 41 dieser Erläuterung.
96 Wagner, S. 214.
97 Vgl. Binder, *Kafka-Kommentar*, S. 148 f., und S. 75 dieser Erläuterung.

3.6 Stil und Sprache

ZUSAMMENFASSUNG

- Kafkas Sprache wird geprägt vom Prager Deutsch, von seiner Arbeit als Jurist und seiner klassischen Ausbildung sowie seinen literarischen Vorbildern.
- Seine Sprachkunst zeichnet sich aus durch zeichenhafte Bildkraft, die Plastizität der Sätze und Mehrschichtigkeit der Perspektiven und Register.

Einflüsse

Sachlich knappe Prosa

Kafka bleibt in seinem Schreiben vom **Prager Deutsch** geprägt. Er versucht nicht wie die meisten seiner Prager Schriftstellerkollegen, die Abgehobenheit dieser „papierene(n)“[98] Bildungssprache durch Metaphernreichtum und Wortakrobatik wettzumachen, sondern pflegt eine sachlich knappe Prosa. In dieser wirkt zum einen seine Arbeit in der „Arbeiter-Unfall-Versicherungs-Anstalt“ (AUVA) nach, für die er die wichtigsten Schriften **in der sachlich prägnanten Sprache des Juristen** verfasste, andererseits auch die „stilistischen Exerzitien der Prager Gymnasialzeit, durch die sich der aufmerksame Schüler eine solide, konservative Sprach- und Stilgrundlage erworben hatte.“[99] Über dieses **klassische Deutsch** hinaus orientiert sich Kafka schließlich auch an der **Sprachkunst seiner Vorbilder**, Goethe, Kleist, Hebel, Stifter, Grillparzer, aber auch Flaubert, dessen Stilideal der „impassibilité“, also der Unerschütterlichkeit, er ebenfalls verfolgt.

---

98 Vgl. Wagenbach, S. 55, und S. 21 und 24 dieser Erläuterung.
99 Jahn, *Kafkas Roman*, S. 68.

EINFLÜSSE AUF KAFKAS SPRACHE

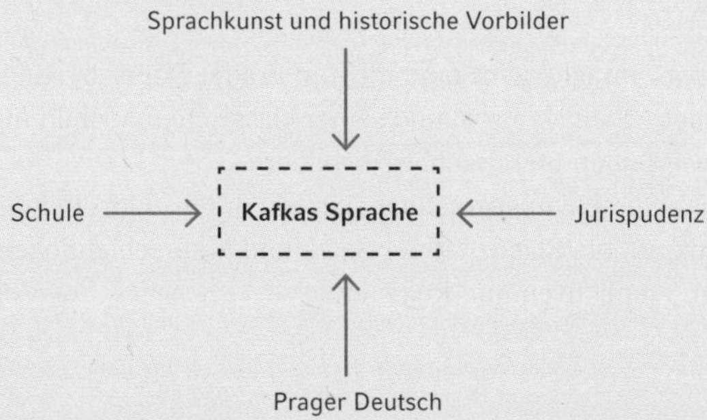

EINFLUSS	BEISPIEL	ERLÄUTERUNG
Prager Deutsch	„(...) daß er die Sachen im Koffer noch kaum verwendet hatte, trotzdem er es beispielsweise längst nötig gehabt hätte (...)" (12,22–24)	Das Adverb „trotzdem" anstelle der unterordnenden Konjunktion „obwohl" ist typisch für das Prager Deutsch und kommt bei Kafka immer wieder vor.
Sprache des Juristen	„Herr Schubal ist ungerecht. Herr Schubal bevorzugt Ausländer. Herr Schubal verwies den Heizer aus dem Maschinenraum und ließ ihn Klosete reinigen, was doch gewiß nicht des Heizers Sache war." (19,27–30)	Hier werden durch die Aneinanderreihung von einzelnen Hauptsätzen einerseits nur einzelne Fakten aufgeführt, andererseits verstärkt die anaphorische Wiederholung „Herr Schubal" rhetorisch die Wirkung der Anklage, wie sie vor Gericht vorgebracht werden könnte.

EINFLUSS	BEISPIEL	ERLÄUTERUNG
Klassische Sprach- und Stilgrundlage	„Was aber in der Heimatstadt Karls wohl der höchste Aussichtspunkt gewesen wäre, gestattete hier nicht viel mehr als den Überblick über eine Straße, die zwischen zwei Reihen förmlich abgehackter Häuser gerade und darum wie fliehend in die Ferne sich verlief, wo aus vielem Dunst die Formen einer Kathedrale ungeheuer sich erhoben." (39,27–40,1)	Längere Satzperiode, die es mit mehreren Nebensätzen mühelos schafft, einerseits den Bezug zu Karls Heimatstadt herzustellen, andererseits den Überblick über die Straße zu einem Blick in die Ferne auf die kaum erkennbaren Formen der Kathedrale zu verwandeln.
Sprachkunst der Vorbilder:		
Kleist	„Als der siebzehnjährige Karl Roßmann, der von seinen armen Eltern nach Amerika geschickt worden war, weil ihn eine Dienstmädchen verführt und ein Kind von ihm bekommen hatte, in dem schon langsam gewordenen Schiff in den Hafen von New York einfuhr, erblickte er die schon längst beobachtete Statue der Freiheitsgöttin wie in einem plötzlich stärker gewordenen Sonnenlicht." (7,1–9)	Diese einleitende Satzperiode am Anfang erinnert in ihrer Dichte an die ebenfalls in großer Dichte formulierten Anfänge bei Kleist. Zum Vergleich ein Beispiel: „In St. Jago, der Hauptstadt des Königreichs Chili, stand gerade in dem Augenblicke der großen Erderschütterung vom Jahre 1647, bei welcher viele tausend Menschen ihren Untergang fanden, ein junger, auf ein Verbrechen angeklagter Spanier, namens Jeronimo Rugera, an einem Pfeiler des Gefängnisses, in welches man ihn eingesperrt hatte, und wollte sich erhenken."[100] Der Unterschied liegt nicht in der Dichte der

---

100 Kleist, S. 49.

EINFLUSS	BEISPIEL	ERLÄUTERUNG
		Exposition, sondern in der Blickführung: Kafka geht vom Protagonisten aus, um mit ihm dann die äußeren Bedingungen in den Blick zu bringen, Kleist geht von den äußeren Bedingungen aus (Ort, Zeit, historisches Ereignis), um dann erst den Blick auf den Protagonisten zu werfen.
Flaubert	„Die letzte Erinnerung Thereses an ihre Mutter war, wie sie mit auseinandergestreckten Beinen dalag in dem karierten Rock, der noch aus Pommern stammte, wie jenes auf ihr liegende rohe Brett sie fast bedeckte, wie nun die Leute von allen Seiten zusammenliefen und wie oben vom Bau irgendein Mann zornig etwas hinunterrief." (141,8–14)	Das schreckliche Ereignis des Suizids der Mutter wird unterkühlt mit sachlichen Beobachtungen wiedergeben: die auseinandergestreckten Beine stehen für den Tod, der karierte Rock verweist auf das vergangene Leben, die Leute, die zusammenlaufen, und der zornige Mann zeigen die Unpersönlichkeit des Geschehens. Das Ganze erinnert an das Stilideal der Unerschütterlichkeit (impassibilité) bei Flaubert. Zum Vergleich Flauberts Emma Bovary als Leiche nach dem Tod durch Vergiftung: „Emmas Kopf war nach der rechten Schulter geneigt. Der Winkel ihres Mundes, der offenstand, sah aus wie ein schwarzes Loch im unteren Teil ihres Gesichts; die beiden Daumen waren nach innen zur Handfläche gekrümmt; eine Art weißer Staub lag auf ihren Wimpern, und die Augen verschwanden allmählich in einer schleimigen Blässe (…)."[101]

101 Flaubert, S. 425 f.

Kafkas Sprachkunst

Kafkas Sprachkunst geht über diese Einflüsse hinaus. Ihre wichtigsten Merkmale seien hier aufgeführt.

Merkmale von Kafkas Sprachkunst

MERKMAL	BEISPIEL	ERLÄUTERUNG
Zeichenhafte Bildkraft	„Das äußerst präcise Diktieren, der beherrschte und elastische Tastenschlag jagten an dem nur hie und da merklichen Ticken der Wanduhr vorüber, die schon fast halb zwölf Uhr zeigte." (119,6–9)	Wie präzise und schnell Therese schreibt, wird weder durch einen Vergleich noch eine Metapher verdeutlicht, sondern durch das bloße Nebeneinanderhalten von Tastenschlag und Uhrticken und die Bemerkung, dass Ersterer am Letzteren „vorüberjagt". Kafka beschreibt konkrete Realien des Alltags in einer Präzision, die sie bildstark hervortreten und zugleich zeichenhaft werden lässt, ähnlich Bildern in Träumen.
Plastizität der Sätze:		
– Dynamik	„Dann liefen sie fast, Karl mit ihrer Tasche in der Hand, zur nächsten Station der Untergrundbahn, die Fahrt vergieng im Nu, als werde der Zug ohne jeden Widerstand nur hingerissen, schon waren sie ihm entstiegen, klapperten statt auf den Aufzug zu warten, der ihnen zu langsam war, die Stufen hinauf, die großen Plätze, von denen sternförmig die Straßen auseinanderflogen, erschienen und	Die Eile, mit der Karl und Therese ihre Besorgungen in der Stadt erledigen müssen, wird im Satzbau durch rasche Abfolge der verbalen – also dynamischen – Glieder der einander folgenden Sätze unterstrichen. Verstärkt wird der damit bewirkte Eindruck der Atemlosigkeit in den Zeilen 135,36–37 durch die reihende Häufung der Orte, die sie aufsuchen.

MERKMAL	BEISPIEL	ERLÄUTERUNG
	brachten ein Getümmel in den von allen Seiten geradlinig strömenden Verkehr, aber Karl und Therese eilten, eng beisammen in die verschiedenen Bureaux, Waschanstalten, Lagerhäuser und Geschäfte, in denen telephonisch nicht leicht zu besorgende, im übrigen nicht besonders verantwortliche Bestellungen oder Beschwerden auszurichten waren." (135,27–136,3)	
– Statik	„Es standen zwar viele Leute vor dem Plakat, aber es schien nicht viel Beifall zu finden. Es gab soviel Plakate, Plakaten glaubte niemand mehr. Und dieses Plakat war noch unwahrscheinlicher als Plakate sonst zu sein pflegen. Vor allem aber hatte es einen großen Fehler, es stand kein Wort von der Bezahlung darin." (271,14–19)	Das Stillstehen Karls und anderer Leute vor dem Plakat, das damit verbundene Betrachten desselben und die sich daran anschließenden Überlegungen werden mit einer einzigen Ausnahme („als Plakate sonst zu sein pflegen") in lauter Hauptsätzen wiedergegeben. Der Ruhezustand der Personen wird durch die Abfolge selbstständiger, einfacher und bloß feststellender Hauptsätze und die Wiederholung des Wortes „Plakat" unterstrichen.

MERKMAL	BEISPIEL	ERLÄUTERUNG
– Parenthese	„Vorne rauschten Kastanienbäume, zwischen denen – das Gitter war schon geöffnet – ein kurzer Weg zur Freitreppe des Hauses führte." (54,10–12)	Der Einschub eines präzisierenden Nachtrags unterbricht die Beschreibung, bewirkt einen Aufschub derselben und verschafft ihr so eine gewisse Spannung.
	„Vor der riesigen Gestalt Greens – an Pollunders Größe hatte sich Karl eben schon gewöhnt – die sich vor ihnen, wie sie die Stufen hinaufstiegen, langsam entwickelte, wich allerdings von Karl jede Hoffnung, diesem Manne den Herrn Pollunder heute abend irgendwie zu entlocken." (56,19–24)	Hier verstärkt der Einschub den Aufschub und die Spannung, die die beiden folgenden Nebensätze ebenfalls bewirken, indem er im Vergleich Green-Pollunder auf die mögliche Bedrohlichkeit des Ersteren hinweise.
	„Er stellte sich vor – und zum erstenmal wurde ihm in diesem Saale wohl – wie er am Morgen – früher dürfte er kaum zufuß nach Hause kommen – den Onkel überraschen wollte." (61,3–6)	Neben der Erzeugung einer Spannung erlaubt es die zweifache Parenthese hier auch, die Mehrschichtigkeit dessen wiederzugeben, was in Karls Bewusstsein gleichzeitig vorgeht: Wunschvorstellung – Wohlgefühl – Berechnung.
	„Karl, komm doch einmal her" und als er zu ihr gekommen war – gleich vereinigten sich hinter seinem Rücken der Oberkellner und der Oberportier zu lebhaftem Gespräch – umfaßte sie ihn mit der linken Hand (...)." (172,28–32)	Der Einschub erhöht hier nicht nur die Spannung und die Bedrohlichkeit, er erlaubt auch eine Doppelung der Perspektive: Wir erfahren zeitgleich, was Karl erlebt und was hinter seinem Rücken vorgeht.

MERKMAL	BEISPIEL	ERLÄUTERUNG
Wechsel ins Unpersönliche	„Sie sah noch wie ein Schulmädchen aus, ihre Schürze war sehr sorgfältig gebügelt, auf den Achseln z. B. gewellt, die Frisur recht hoch und man staunte ein wenig wenn man nach diesen Einzelheiten ihr ernstes Gesicht sah." (119,13–16)	Zu Beginn der Szene sehen wir alles mit Karl, so dass wir auch hier das Aussehen Thereses zunächst auf seine Perspektive zurückführen. Doch das verallgemeinernde „z. B." lässt uns die Perspektive wechseln, wir sehen Therese nun aus einer auktorialen Erzählinstanz. Das scheint das nachfolgende verallgemeinernde „man" zu bestätigen, das anstelle des persönlichen „er" steht, nur dass eben doch niemand anderes als Karl zunächst die Einzelheiten und danach das ernste Gesicht sieht. Der Text vermittelt uns so eine doppelte Perspektive: die subjektive Karls und die objektive der Erzählinstanz und bringt uns ins Schwanken gegenüber der dargestellten Realität.
Ironie:		
– Register der Komik	„Und man konnte sicher sein, wenn man in der Nacht mitten aus dem Schlaf durch großen Lärm geweckt aufsprang, auf dem Boden neben seinem Bett zwei Ringkämpfer zu finden und bei greller Beleuchtung auf allen Betten in der Runde aufrecht stehende Sachverständige in Hemd und Unterhosen." (134,32–379)	Ironie liegt hier in der Sachlichkeit (verstärkt durch das unpersönliche „man"), mit der hier eine skurrile Szene als selbstverständlich dargestellt wird. Komik entsteht durch die unmittelbare Verbindung von kaum Vereinbarem: Ringkämpfer neben dem Bett, Sachverständige in Hemd und Unterhosen.

MERKMAL	BEISPIEL	ERLÄUTERUNG
– Register der Naivität	„Schon daß seine Sache für den Oberkellner so wenig Wichtigkeit zu haben schien, konnte man für ein gutes Zeichen halten. Es war schließlich auch nur begreiflich. Natürlich bedeutet ein Liftjunge gar nichts und darf sich deshalb nichts erlauben, aber eben deshalb weil er nichts bedeutet, kann er auch nichts Außerordentliches anstellen. Schließlich war der Oberkellner in seiner Jugend selbst Liftjunge gewesen (...)" (155,13–20)	Karl macht sich Illusionen über seine Situation. Die Naivität seine Überlegungen wird sprachlich signalisiert durch die übermäßige Häufung fast kindlich klingender Bekräftigungsformeln: „schon daß", „schließlich" (2x), „auch nur" „natürlich", „eben deshalb", „auch nichts". Die Argumentation Karls ist in sich brüchig, und diese Brüchigkeit wird ironisch unterstrichen durch eine Ballung von Adverbien, die Schlüssigkeit und Selbstverständlichkeit behaupten.

3.7 Interpretationsansätze

ZUSAMMENFASSUNG

Drei Grundfragen geben bis heute Anlass zu immer neuen Deutungen des Romanprojekts *Der Verschollene*:

- → Wie hätte der Roman enden sollen? (Autorintention und Textintention)
- → Warum die Bezüge zu Charles Dickens? (Gattungstradition und Biografie)
- → Warum spielt der Roman in Amerika? (Sozialkritik und kontrastive Exilerfahrung)

Frage nach dem Romanende: Autorintention und Textintention

Versöhnlicher Schluss?

Als Max Brod das Romanfragment 1927 unter dem Titel *Amerika* herausbringt, hebt er es von den beiden späteren Romanprojekten *Der Process* und *Das Schloss* mit der Behauptung ab, hier werde durch die „naive Reinheit des Helden das Unheil gerade noch knapp in Schach gehalten."[102] Aus Gesprächen mit Kafka wisse er, dass das Schlusskapitel *Das Naturtheater von Oklahoma* „versöhnlich ausklingen sollte."[103] Er zitiert aus der Erinnerung Kafka, der lächelnd angedeutet haben soll, „dass sein junger Held in diesem ‚fast grenzenlosen Theater' Beruf, Freiheit, Rückhalt, ja sogar die Heimat und die Eltern wie durch paradiesischen Zauber wiederfinden werde."[104]

---

102 Zitiert nach: Müller, S. 297.
103 Zitiert nach: ebd., S. 298.
104 Zitiert nach: ebd.

Aus Äußerungen eines Autors eine **Autorintention** abzuleiten, die zeigt, woraufhin der Text verfasst wurde, ist problematisch. So fragt sich Brod damals nicht, ob in Kafkas Lächeln auch Ironie vermutet und das von Kafka angesprochene Wiederfinden alles Vermissten auch als nur vorübergehend verstanden werden könnte. In seiner Kafka-Biografie von 1954 muss Brod zudem zugestehen, Kafka scheine manchmal „allerdings einen anderen, tragischen Ausgang seines Helden Karl Roßmann ins Auge gefasst zu haben.“[105] Er zitiert Kafkas Tagebucheintrag vom 30. 9. 1915: „Roßmann und K., der Schuldlose und der Schuldige, schließlich beide unterschiedslos strafweise umgebracht, der Schuldlose mit leichterer Hand, mehr zur Seite geschoben als niedergeschlagen.“[106]

Worauf zielt der Text ab?

Sinnvoller, als sich an eine vermeintlich feststehende Autorintention zu halten, ist also der Versuch, im Text selbst zu ermitteln, worauf er abzielt, also die **Textintention** herauszuarbeiten. So argumentiert z. B. Walter H. Sokel im Sinne eines heiteren Endes des *Verschollenen* vom Text her:

> „Der utopische Charakter des Werks ist von Anfang an in Karl selbst vorhanden, in seiner Forderung und seiner Erwartung, dass die beiden Pole – Verstand und Herz, Technik und Innerlichkeit, Disziplin und Gerechtigkeit, Amerika und Heizer – vereinigt werden müssten. Doch erst im NATURTHEATER-Fragment zeigt sich die Möglichkeit an, dass diese Erwartung vielleicht erfüllt werden wird.“[107]

Wiederholung des Abstiegs

Dem steht entgegen, dass Karl in den „Aufnahmskanzleien“ (279,7) des Theaters in Schnelle noch einmal den gesellschaftlichen Ab-

105 Brod, S. 142.
106 Kafka, *Tagebücher*, S. 585.
107 Sokel, S. 329.

stieg erlebt, den er von der Verstoßung durch den Onkel bis zu seiner Ankunft in Clayton schon durchgemacht hat: Er gibt sich zunächst als Ingenieur aus, muss dann in die „Kanzlei für Leute mit technischen Kenntnissen" (280,18) wechseln und endet schließlich in jener „für gewesene Mittelschüler" (280,26 f.), einer „Bude am äußersten Rand, nicht nur kleiner sondern sogar niedriger als alle andern." (280,30–32) Karl ist bei der Aufnahme ins Theater also wieder das, was er bei seiner Ankunft in den USA war: nicht mehr als ein „gewesener Mittelschüler", schlimmer noch: diesmal völlig mittellos und ohne „Legitimationspapiere" (278,22). Er ist nun „etwas so schmähliches daß man es jedem, der es von sich behaupte, ohne weiteres glauben könne." (281,21–23)

Während der Abstieg, den er vorher durchlaufen hat, sich durch ihm ungünstige Machtverhältnisse der amerikanischen Gesellschaft (Besitz – Rangstufen – Herrschsucht – Körpergewalt) und ihm ungünstig gesinnte Vaterfiguren erklären lässt, zählt im geschützten Bereich des Naturtheaters von Oklahoma wie im „american dream" oder in der sozialistischen Utopie nur das Prinzip „jedem nach seinen Fähigkeiten, jedem nach seiner Leistung" – und auch da fällt Karl durch.

„Zur Seite geschoben"

Schlimmer noch: Statt zu seinem Namen zu stehen, gibt er den Rufnamen seiner letzten Stellungen an: Negro. Dies aber verweist nicht nur auf die Schicht der rechtlostesten und am meisten ausgegrenzten Amerikaner, sondern konkreter noch auf das Buch *Amerika – heute und morgen* von Arthur Holitscher, aus dem Kafka die falsche Schreibung „Oklahama" übernommen hat. Dort findet sich das Foto eines gelynchten Schwarzen mit der sarkastischen Unterschrift: „Idyll aus Oklahama"[108]. Darin lässt sich ein Hinweis auf das Ende Karls sehen, nicht dass er gelyncht wird, wohl aber „zur

---

108 Vgl. Jahn, *Kafkas Roman*, S. 101. Bild in Wirkner, S. 106.

Seite geschoben". Und zwar vollzieht er dieses Zurseiteschieben selbst, indem er seinen Namen ablegt, also seine Identität leugnet und sich so selbst zum Verschollenen macht, der sich nicht mehr auffinden und identifizieren lässt.

Dickens-Bezüge: Gattungstradition und Biografie

„Glatte Dickensnachahmung"

1911 liest Kafka, bevor er die Arbeit am *Verschollenen* beginnt, *David Copperfield*, einen Roman, in dem er wohl „einen Handlungsgang und Situationen vorfand, die er für seinen geplanten Roman verwerten konnte."[109] In seinem Tagebuch nennt Kafka am 8. Oktober 1917 denn auch mehrere Motive, die ihm den „geplante(n) Roman" als „glatte Dickensnachahmung"[110] erscheinen lassen: „Koffergeschichte, der Beglückende und Bezaubernde, die niedrigen Arbeiten, die Geliebte auf dem Landgut die schmutzigen Häuser u. a. vor allem aber die Methode."[111]

„Verkümmerungsroman"

Daraus und aus weiteren Übereinstimmungen[112] wurde geschlossen, *Der Verschollene* verfolge „die Methode" des Entwicklungs- bzw. Bildungsromans wie vor allem *David Copperfield* und zum Teil auch *Oliver Twist*. So sieht zum Beispiel Heinz Politzer in *Der Verschollene* einen Erziehungsroman, „der dem irrenden Zögling ‚Anschauungsunterricht, wie es um die Freiheit und Gerechtigkeit in der Welt bestellt ist', erteilt."[113] Er sieht aber auch, dass diese Erziehung zum Schluss scheitert, was die Einordnung in die **Gattungstradition des Entwicklungs- bzw. Bildungsromans** fragwürdig macht. Tatsächlich ist sich die heutige Forschung darin einig, dass man den *Verschollenen*, eher als „Verkümmerungs-

---

109 Binder, *Kafka Kommentar*, S. 56.
110 Kafka, *Tagebücher*, S. 652.
111 Ebd.
112 Vgl. Binder, *Kafka-Kommentar*, S. 87 f., 103, 106, 124, 130 f., 145, 148, und: Czoik, durchgehend.
113 Beicken, S. 254.

roman"[114] oder zumindest als „negativen Bildungsroman"[115] bezeichnen muss, da er zwar „die Forderung nach Selbstverwirklichung des Menschen aufrecht"[116] erhält, die Handlungsschritte aber dem umgekehrten Gang folgen: in Richtung nicht einer Entfaltung, sondern einer Verkümmerung.

Der Name des Helden

Im Namen des Protagonisten ist das Programm des Entwicklungs- bzw. Bildungsroman angezeigt: Mit „Karl" ist das Ziel angegeben, denn der Name bezeichnet ursprünglich den freien und tüchtigen Mann.[117] „Roßmann" zeigt die Schwierigkeit, die dabei zu überwinden ist, denn der Name enthält „eine kentaurische Verschmelzung von Mann und Pferd"[118], erinnert also an die Kentauren, die Pferdemänner der griechischen Mythologie. Das sind Mischwesen mit menschlichem Oberkörper und tierischem Unterleib, aufgeteilt in zwei Körperhälften, eine rational-sittsame und eine animalisch-triebhafte. Im griechischen Mythos überwiegt bei den Pferdemännern immer wieder die animalisch-triebhafte Hälfte, weshalb sie regelmäßig aus der Gesellschaft in „schwer zugängliche Gebirge und unwegsame Wälder"[119] verstoßen werden. Roßmann hat mit ihnen gemeinsam, dass er seine rational-sittsame nicht mit der animalisch-triebhaften Hälfte vereinbaren kann, aber gerade auf umgekehrte Weise: Er verdrängt das Animalisch-Triebhafte in sich, es tritt ihm aber in mehreren Frauen (Johanna Brummer, Klara, Therese, Burnelda) von außen entgegen. Seine Unfähigkeit, beide Hälften harmonisch zu vereinen, ist mitverantwortlich für das

---

114 Czoik, S. 224.
115 Pütz, S. 71.
116 Ebd.
117 Vgl. Grimm, *Deutsches Wörterbuch*, Bd. 11, S. 218 „Karl" und S. 571 „Kerl" I. 2). Kafka war der Name Karl mit seiner Bedeutung natürlich vertraut, stößt man in Prag doch überall auf Spuren Kaiser Karls IV., des „Vaters des Vaterlandes" (Karlsuniversität, Karlsbrücke, Karlshof usw.)
118 Kremer, S. 247.
119 Hunger, S. 214.

Misslingen seiner Entwicklung zum freien und tüchtigen Mann und dafür, dass er wie die Kentauren aus der Gesellschaft ausgestoßen wird.

Mit dieser Problematik knüpft *Der Verschollene* nicht mehr bloß an der Gattungstradition des Entwicklungs- bzw. Bildungsromans an, sondern greift vor allem **Grundfragen aus Kafkas Leben** auf. „Geheime Verbindungslinien lassen sich" nach Hartmut Binder „zwischen Kafkas Biografie und dem epischen Quellpunkt des Romans ziehen: Karls Unreife in sexuellen Dingen (...) (entspricht) Kafkas Bekenntnis, er sei erst spät, von außen und durch andere, auf diesen Bereich gestoßen worden (...)."[120] Diese Schwierigkeit hängt im Roman eng damit zusammen, dass nach dem Vater immer wieder andere Vaterfiguren über Karls Leben verfügen, indem sie ihn entweder verstoßen (Onkel, Oberkellner) oder ihn festhalten (Oberportier, Delamarche), so dass „ein Generationenkonflikt die geheime Sinnmitte"[121] des Romans bildet. Auch dies wieder lässt sich aus Kafkas Biografie erklären, am deutlichsten fassbar in seinem *Brief an den Vater*, in dem er zeigt, wie er sich überall von seinem Vater beherrscht sieht.[122] Im Herbst 1911, als er am *Verschollenen* zu schreiben beginnt, fühlt er sich „mit einem Fußtritt aus der Welt geworfen"[123], ähnlich wie Karl von seinen Eltern „einfach beiseitegeschafft" (28,31 f.) wird.

Bedeutung des Generationenkonflikts

Karl gibt im „Naturtheater von Oklahoma" das Ziel auf, als freier, tüchtiger Mann (Karl) ein Gleichgewicht zwischen rational-sittsamer und animalisch-triebhafter Hälfte (Roßmann) zu finden. Stattdessen folgt er einer neuen Vaterfigur, dem „Vater der Stel-

Das Naturtheater als Metapher für Kafkas Schreiben?

120 Binder, *Kafka-Kommentar*, S. 75.
121 Ebd., S. 78.
122 Vgl. Kafka, *Brief an den Vater*, S. 54, 13 f.: „Manchmal stelle ich mir die Erdkarte ausgespannt und Dich quer über sie hingestreckt vor."
123 Kafka, *Tagebücher*, S. 199. Vgl. Binder, *Kafka-Kommentar*, S. 79.

lungsuchenden“ (287,30), und sucht in der fiktiven Identität als „Negro, technischer Arbeiter“ (286,21 f.) eine Zukunft in einem Kunstbetrieb.

Kafka gibt in den Phasen, in denen er am *Verschollenen* schreibt, das Ziel auf, sich vor allem als Jurist, Ehemann und Familienvater zu bewähren[124], und sieht in der „Koncentration auf das Schreiben (...) die ergiebigste Richtung (s)eines Wesens“[125]. Er habe seine „Entwicklung nun vollzogen“, schreibt er, und das Ziel, „die Bureauarbeit aus dieser Gemeinschaft hinauszuwerfen“, um sein „wirkliches Leben anzufangen“[126], das ganz der Kunst des Schreibens gewidmet ist.

Gewissermaßen „zur Seite geschoben“[127] wie Karl sieht sich Kafka im Schreiben später ebenfalls. Im *Brief an den Vater* sagt er, er sei zwar im Schreiben tatsächlich „ein Stück selbständig“ von seinem Vater „weggekommen“[128], gleiche aber einem Wurm, „der, hinten von einem Fuß niedergetreten, sich mit dem Vorderteil losreißt und zur Seite schleppt.“[129]

Amerika: Sozialkritik und kontrastive Exilerfahrung

Amerika als Sehnsuchtsort

Noch am 7. September 1920 schreibt Kafka nach einer Begegnung mit weit über hundert jüdisch-russischen Auswanderern in einem Brief an Milena Jesenská: „(...) wenn man mir freigestellt hätte, ich könnte sein was ich will, dann hätte ich ein kleiner ostjüdischer Junge sein wollen, im Winkel eines Saales, ohne eine Spur von Sorgen (...) – und in ein paar Wochen wird man in Amerika sein.“[130] Die

---

124 Vgl. Binder, *Kafka. Der Schaffensprozeß*, S. 98 f.
125 Kafka, *Tagebücher*, S. 260.
126 Ebd., S. 261.
127 Ebd., S. 585. Vgl. S. 40 und 91 dieser Erläuterung.
128 Kafka, *Brief an den Vater*, S. 41.
129 Ebd.
130 Kafka, *Briefe an Milena*, S. 272.

Ankunft von Einwanderern am Einwanderungszentrum auf Ellis Island, New York © ullstein bild – histopics

„Loslösung von Prag in jungen Jahren war Kafkas eigentliches Lebensziel bis zu seinem Tod“[131], und Amerika war für ihn wie für viele seiner Zeitgenossen „ein Kristallisationspunkt europäischer Sehnsüchte der verschiedensten Art (...): der Sehnsucht nach Gleichheit, nach wirtschaftlichem Wohlergehen und vor allem nach Freiheit, nach der Möglichkeit ungehinderter individueller Entfaltung.“[132]

131 Binder, *Kafka-Kommentar*, S. 74.
132 Müller, S. 293.

„So einfach ist es allerdings nicht“, fügt Kafka im eben zitierten Brief an Milena gleich an.[133] Und Karl erlebt das genaue Gegenteil der Amerika-Sehnsüchte: Ungleichheit, wirtschaftliche Not, Unfreiheit, Einschränkung der Individualität. Ausgehend davon, dass Kafka sich bei der Arbeit am *Verschollenen* vor allem auf die sozialkritischen Berichte Arthur Holitschers und František Soukups stützte[134], haben manche Interpreten des Romans im Gegenzug zu Max Brods Amerika-Bild „in helleren Farben“[135] vor allem die **Sozialkritik** des Textes hervorgehoben. Wolfgang Emrich versteht 1958 den *Verschollenen* als Kritik „an den Übeln der modernen Zivilisation“[136], Eduard Goldstücker vermutet 1963, Kafka habe im Heizer „die Arbeiterklasse symbolisieren wollen“[137]. Gerhard Loose sieht 1968 im *Verschollenen* „einige der wesentlichen Aspekte und Tendenzen der kapitalistischen Wirtschaft und deren Gesellschaftsordnung“[138] dargestellt, und Alfred Wirkner betont 1976, Kafka erreiche im *Verschollenen* „mehr als ein aktuelles Bild des damaligen Amerikas“, da seine „Beobachtungen sich vorwiegend mit der Vermassung und Entfremdung des Individuums beschäftigen.“[139]

Imaginiertes Amerika

Dem gegenüber betont Kurt Hermsdorf 1961, Kafka stelle „die gesellschaftliche Wirklichkeit nur als Kulisse für das Schicksal des Einzelindividuums“[140] dar, und nach Heinz Politzer (1965) steht das Amerika-Bild Kafkas ganz im Dienst eines „Weg(s) ins Innere“, ist nur mehr eine „Wirklichkeit zweiter Hand“, basierend auf dem „Nebel einer Traumvision“.[141]

---

133 Kafka, *Briefe an Milena*, S. 272.
134 Vgl. S. 41 f. dieser Erläuterung.
135 Brod, S. 143.
136 Jahn, ‚*Der Verschollene*‘, S. 417
137 Binder, *Kafka-Kommentar*, S. 70.
138 Loose, S. 72.
139 Wirkner, S. 71.
140 Zitiert nach: Binder, *Kafka-Kommentar*, S. 71.
141 Zitiert nach: Beicken, S. 253.

Doch Kafkas Amerika ist mehr als eine „Wirklichkeit aus zweiter Hand“, es ist „zuallererst ein imaginiertes“[142] Amerika, und zwar ein „kontrastives“, denn es ist „nur aus dem Kontrast zu Europa zu konturieren.“[143] Der Kontrast zwischen Europa und Amerika beruht auf dem Gegensatz zwischen dem europäischen Wertecode, „der auf alteuropäischen Leitbegriffen wie ‚Gerechtigkeit‘, ‚Kameradschaft‘, ‚Religion‘, ‚Bildung‘ und ‚Kunst‘ basiert“[144], und dem amerikanischen Code, der „auf Disziplin und Gewalt“[145] ausgerichtet ist, so dass „in Amerika die vitalen Energien gewissermaßen frei- und bloßgelegt sind (...) – Energien, die der europäische Code einerseits zu camouflieren, andererseits aber auch, wie immer unzureichend, in Grenzen zu halten sucht.“[146] So „beschreibt der Roman eine Reise nach und in Amerika, die immer wieder auf Europa zurückweist.“[147] Die **kontrastive Exilerfahrung** zeigt sich auch im Titel *Der Verschollene*: Aus der Perspektive der amerikanischen Gegenwart wird Karl verschollen gehen können, denn „er vermag in der Fremde nicht Fuß zu fassen, zumal diese ihn immer weiter ins Exil schickt, seine ursprüngliche Verbannung immer aufs neue bestätigt (...).“[148] Aus der Perspektive der europäischen Vergangenheit ist Karl schon verschollen.

Kontrast zwischen Europa und Amerika

142 Engel, *Der Verschollene*, S. 177.
143 Ebd., S. 185.
144 Engel, *Umbruchsdiskurse*, S. 70.
145 Ebd.
146 Engel, *Der Verschollene*, S. 186.
147 Rothemann, S. 173.
148 Ebd., S. 183.

4. REZEPTIONSGESCHICHTE

ZUSAMMENFASSUNG

- → Da das Manuskript in drei Schritten veröffentlicht wurde, erlebte es auch drei Phasen der Rezeption: 1913–1927, 1927–1983 und 1983 bis heute.
- → *Amerika* bzw. *Der Verschollene* wurde oft, aber mit unterschiedlichem Erfolg, für die Bühne und den Film umgearbeitet, fand aber auch ein Echo in der bildenden Kunst und in der Literatur.

Drei Phasen der Rezeption

Entsprechend den drei Schritten, in denen das Manuskript *Der Verschollene* publiziert wurde, kann man auch drei Phasen der Rezeption unterscheiden:

- → 1913–1927 *Der Heizer. Ein Fragment,*
- → 1927–1983 *Amerika*,
- → ab 1983 *Der Verschollene.*

1. Phase 1913–1927: *Der Heizer. Ein Fragment* (1913)

„Moralische Zartheit"

In einer Besprechung der Erstausgabe hält **Robert Musil** 1914 die Erzählung für „eigentlich kompositionslos"[149], findet sie aber zugleich „entzückend" und lobt die „Innerlichkeit des Erlebens", die „schlichte Naivität" und die „moralische Zartheit"[150]. Im selben Jahr bespricht **Oskar Walzel** die Erzählung unter dem Titel „Logik im Wunderbaren". Er betont das Kleistische der Erzählung, d. h.

---

149 Zitiert nach: Beicken, S. 251.
150 Zitiert nach: ebd.

„Kafkas bühnenmäßiges Arrangieren der Figuren, den Gestus des Künstlers als ‚Spielleiter'" und verweist auf „die Darstellung des ‚Unterbewusstseins'"[151].

2. Phase 1927–1983: *Amerika. Roman* (1927)

„Die Fremde schlechthin"

Unter den ersten Rezensenten des von Max Brod aus Kafkas Nachlass herausgegebenen Romans begrüßen **Siegfried Kracauer** 1927 und **Manfred Sturmann** 1928 die Präzision, mit der Kafka Momentaufnahmen des Lebens in Amerika wiedergibt. Sie zeigen schon weiterführende Interpretationsansätze auf, Kracauer mit dem Hinweis darauf, dass Amerika in diesem Roman „die Fremde schlechthin"[152] darstelle, Sturmann, indem er betont, *Amerika* übertreffe die übrigen Werke Kafkas „durch seine gesteigerte Bewegtheit."[153] **Kurt Tucholsky** gefällt 1929 an *Amerika*, dass dieser Roman nicht wie z. B. *Das Schloss* fortlaufende Deutung verlange, sondern dass hier „jeder Vorgang Selbstzweck, dichterische Frucht und Blüte schmerzlicher Erkenntnis" und „niemals (...), was da geschieht, ganz auszudeuten"[154]sei.

Zweitrangige Arbeit Kafkas?

Doch die Tatsache, dass Max Brod das entstehungsgeschichtlich erste Romanmanuskript *nach* den beiden später entstandenen (*Der Process,Das Schloss*) publiziert und in seinem Nachwort betont, im Unterschied zu jenen werde das Unheil hier „in Schach gehalten"[155], so dass der Roman „versöhnlich"[156] ausklinge, prägt die Rezeption längere Zeit und dämpft das Echo auf dieses angeblich untypische Werk Kafkas etwas: „Das Interesse an *Amerika*, einer vermeintlich

---

151 Ebd.
152 Zitiert nach: Born (Hrsg.), S. 191.
153 Zitiert nach: ebd., S. 198.
154 Zitiert nach: ebd., S. 206 f. Vgl. Kap. 5 dieser Erläuterung.
155 Zitiert nach: Müller, *Nachwort*, S. 297.
156 Zitiert nach: ebd., S. 298.

weniger repräsentativen, wenn nicht zweitrangigen Arbeit Kafkas, bleibt lange relativ gering."[157]

Erste Übersetzungen und Kafka-Verbot in der NS-Zeit

1938 kommt in England, 1940 in den USA die englische Übersetzung heraus, wodurch der angelsächsische Raum auf ein Werk aufmerksam wird, das im deutschen Sprachraum – außer der Schweiz – inzwischen verboten ist, da Kafkas Werke von den Nazis auf ihre „Liste des schädlichen und unerwünschten Schrifttums" gesetzt werden. Ein besonderes Interesse gilt im angelsächsischen Sprachraum natürlich den Bezügen Kafkas zu Dickens. Bezeichnend für die geringe Aufmerksamkeit, die der Amerika-Roman Kafkas noch genießt, ist jedoch z. B., dass Hannah Arendt 1944 in ihrem bahnbrechenden Text *Franz Kafka: A revaluation*, in dem es um die Exil-Tradition der Juden geht, trotz ihrer umfassenden Kenntnis des Gesamtwerks Kafkas nicht auf *Amerika* eingeht.

Auf Französisch wird der Roman erst nach dem Krieg 1946 publiziert. Die französische Rezeption wird zunächst noch ganz von Max Brods Lesart geprägt.

„Spätbürgerliche Literaturdekadenz"

In Deutschland ist die Rezeption nach dem Krieg bis zum Fall der Mauer in Ost und West ebenso geteilt wie das Land selbst. In der DDR prägt vor allem Klaus Hermsdorf das Bild, indem er *Amerika* 1961 „in die Randbezirke spätbürgerlicher Literaturdekadenz"[158] verweist. Etwas differenzierter gesteht Helmut Richter 1962 Kafka zu, dass er eine „prinzipielle Auseinandersetzung mit wesentlichen Erscheinungsformen des Kapitalismus"[159] darbiete, wenn auch aus einer subjektiven Perspektive. Gegen eine mögliche sozialkritische Lesart des Romans wendet sich im Westen vor allem Heinz Politzer, der dem Roman schon 1959 jeden „sozialistischen Bekenntnischa-

157 Jahn, *‚Der Verschollene'*, S. 417.
158 Ebd., S. 418.
159 Zitiert nach: Beicken, S. 255.

rakter“[160] abspricht und die Entwicklung seines Protagonisten als „ins Innere führende(n) Erziehungsweg “[161] deutet. Er wendet sich damit auch gegen Wilhelm Emrich, der 1958 im Westen eine Deutung des Amerika-Romans vorlegt, die ihn unter dem Gesichtspunkt der Entfremdung „als Kritik an den Übeln der modernen Zivilisation“[162] versteht.

3. Phase ab 1983: *Der Verschollene* (1983)

Publikation des ursprünglichen Manuskripts

Die neue kritische Ausgabe aller Werke Kafkas beginnt 1982 und verändert mit dem Blick auf Kafkas gesamtes Schaffen auch jenen auf Kafkas erstes Romanprojekt und dessen Stellung im Gesamtwerk. *Der Verschollene* erscheint nämlich nun schon als zweiter Band der Neuausgabe, nach dem *Schloss* (1982), aber vor dem *Process* (1990), und gewinnt durch diese Einklammerung in die Romantrilogie einen größeren Stellenwert gegenüber den bekannteren Romanen. Auch dass nun das ursprüngliche Manuskript unverändert zugänglich ist, gibt zu neuen Lesarten Anlass. In der Forschung hat die Kritik an Brods eigenmächtiger Behandlung des Manuskripts zwar schon früher begonnen[163], aber nun gewinnt auch das Lesepublikum einen anderen Einblick in Kafkas Schaffen. Mit dem Titel *Der Verschollene* und in der offeneren Form des ursprünglichen Manuskripts erscheint der Roman jetzt auch den Lesenden eher so, wie Kafka selbst ihn in seinem Brief an Felice sah: als eine Geschichte, „die allerdings ins Endlose angelegt ist“[164].

---

160 Zitiert nach: ebd., S. 253.
161 Binder, *Kafka-Kommentar*, S. 71.
162 Jahn, ‚*Der Verschollene*‘, S. 417.
163 Vgl. v. a. Uyttersprot, *Zur Struktur von Kafka-Romanen* (1954) und *Eine neue Ordnung der Werke Kafkas ?* (1957).
164 Zitiert nach: Heller/Beug, S. 33.

Echos im Theater, in der Oper, im Film, in der Kunst und in der Literatur

Max Brods Theaterfassung

Theaterfassungen des *Verschollenen* gibt es seit Mitte der 1950er Jahre immer wieder. Den ersten Schritt machte Max Brod mit *Amerika. Eine Tragikomödie in 16 Bildern*, die 1957 im Schauspielhaus Zürich in prominenter Besetzung zur Aufführung kam. Die an sich wegbereitende Bühnenbearbeitung des Romans erlitt jedoch im Publikum wie in der Kritik einen derart durchschlagenden Misserfolg, dass die *Schauspielhaus Zürich Zeitung #5* den Bericht über sie 2012 anlässlich einer neu gestalteten Inszenierung des *Verschollenen* durch Hans Castorf ironisch mit „Die verschollene Uraufführung“[165] betiteln konnte.

Ebenfalls ein Misserfolg wurde 1966 an der Deutschen Oper Berlin die Aufführung der **Oper** *Amerika* des israelischen Komponisten und Librettisten Roman Haubenstock-Ramati.[166] Größeren Erfolg hatten dagegen in jüngerer Zeit mehrere Theaterfassungen, die den Roman immer noch unter dem Titel *Amerika* auf die Bühne brachten: 2009 inszenierte Carlos Manuel in der „JugendTheaterWerkstatt Spandau“ *Amerika* als Dreiakter mit vierzig Darstellern im Alter von 15 bis 65 Jahren. 2012 bearbeiteten sowohl Hans Castorf am Schauspielhaus Zürich wie Viktor Bodó am Schauspielhaus Graz *Amerika* neu fürs Theater[167], 2013 folgte ihnen Christoph Frick am Theater Freiburg.

---

165 http://www.schauspielhaus.ch/system/attachments/666/original/SHZ_Zeitung_5.pdf, S. 13 f. (Stand: Mai 2014).

166 Vgl. http://www.spiegel.de/spiegel/print/d-46414740.html (Stand: Mai 2014).

167 Vgl. Colette Schmidt: *Düsteres Amerika mit Witz und Grausamkeit*. In: Der Standard, 1. 10. 2012 (http://derstandard.at/1348284512088/Duesteres-Amerika-mit-Witz-und-Grausamkeit, Stand: Mai 2014).

Verfilmungen

Verfilmt wurde *Der Verschollene* bisher fünfmal:

→ 1966 in Großbritannien durch James Ferman fürs Fernsehen, Theatre 625 der BBC: *Amerika* (schwarz-weiß, 120 mn),

→ 1969 in Deutschland durch Zbyněk Brynych ebenfalls fürs Fernsehen: *Amerika oder Der Verschollene* (schwarz-weiß, 85 mn),

→ 1978 durch Hanns Zischler in Deutschland ebenfalls fürs Fernsehen: *„Amerika" vor Augen oder Kafka in 43 Minuten und 30 Sekunden* (in Farbe, 43 mn),

→ 1984 durch Jean-Marie Straub und Danièle Huillet in Frankreich und Deutschland fürs Kino: *Rapports de classes / Klassenverhältnisse* (schwarz-weiß, 127 mn) sowie

→ 1994 durch Vladimir Michalek in der Tschechoslowakei fürs Fernsehen: *Amerika* (in Farbe, 35 mn).

Martin Kippenbergers Happy End des Romans

Im Bereich der **bildenden Kunst** zeigte das Museum of Modern Art (MoMA) in New York 2009 in einer Retrospektive auf das Gesamtwerk des deutschen Künstlers Martin Kippenberger (1953–1997) auch dessen letzte und größte Installation: *The Happy End of Kafka's ‚America'*. Sie zeigt Karl Roßmann in einem scheinbar lockeren Dekor mit Rasen, Liegestühlen und Barhockern auf der Arbeitssuche in Amerika, wobei die Besucher selbst aktiv werden können, indem sie in einer langen Reihe von Verhandlungstischen Verhöre mit dem Arbeitslosen anstellen.

Franz Kafka trifft Karl May

Literarisch hat Peter Henisch den *Verschollenen* in seinem Roman *Vom Wunsch, Indianer zu werden – Wie Franz Kafka Karl May traf und trotzdem nicht in Amerika landete* verarbeitet, der an der von Kafka 1913 veröffentlichten Prosa-Skizze *Wunsch, ein Indianer zu werden* anknüpft. Henisch lässt den 25-jährigen Kafka 1908 auf seiner angeblich ersten großen Dienstreise für die Arbeiter-Unfall-Versicherung auf einem Ozeandampfer die Bekanntschaft des 66-

jährigen Karl May und dessen 22 Jahre jüngeren Frau Klara machen und entwickelt daraus eine fesselnde Dreiecksgeschichte mit überraschendem Ausgang.

5. MATERIALIEN

Brief an die künftige Verlobte

In seinem Brief vom 11. November 1912 berichtet Kafka Felice Bauer über sein Romanprojekt:

Liebstes Fräulein!

Ich habe Sie also nicht verloren. Und ich war schon wahrhaftig überzeugt davon. Jener Brief, in dem Sie einen meiner Briefe für fremd erklärten, hatte mich entsetzt. Ich sah darin die unabsichtliche und nur desto entscheidendere Bestätigung eines Fluches, dem ich gerade in der letzten Zeit wenigstens zum größten Teil entwichen zu sein glaubte und dem ich nun wieder und mit dem letzten Schlag verfallen sollte. Ich wußte mich nicht zu fassen, ich wußte Ihnen nichts zu schreiben, die zwei Briefe von Samstag waren gekünstelt von einem Ende zum andern, wahrhaft war nur meine Überzeugung, dass alles zu Ende sei. – Hat es eine Bedeutung, daß gerade jetzt bei diesem Wort meine Mutter weinend, aufgelöst von Weinen (sie geht eben ins Geschäft, sie ist den ganzen Tag im Geschäft, schon seit 30 Jahren jeden Tag) zu mir hereinkommt, mich streichelt, wissen will, was mir fehlt, warum ich bei Tisch nichts rede (aber das tue ich doch schon seit langer Zeit, weil ich mich eben zusammenhalten muß) und noch vieles mehr. Arme Mutter! Ich habe Sie aber sehr vernünftig getröstet, geküßt und schließlich zum Lächeln gebracht, ja sogar noch erreicht, dass Sie mich schon mit halb trockenen Augen wegen meines (übrigens schon seit Jahren geübten) Nichtjausens ziemlich energisch ausgezankt hat. Ich weiß ja auch (sie weiß nicht, daß ich es weiß oder besser, es erst später erfahren habe) woher diese äußerste Sorge um mich stammt. Aber davon ein anderes Mal.

An Felice Bauer

Denn wieder ist es so, daß ich vor Fülle dessen, was ich Ihnen sagen will, nicht weiß, wo anfangen. Und trotzdem nehme ich diese letzten 3 Tage als Boten unglücklicher, immer wartender Möglichkeiten und werde niemals in der Unruhe eines Werketags einen größern Brief Ihnen schreiben. Sie müssen zustimmen und nicht böse sein und keine Vorwürfe machen. Denn sehen Sie, ich bin jetzt so in der Laune, mich, ob Sie wollen oder nicht, vor Sie hinzuwerfen und Ihnen hinzugeben, daß keine Spur und kein Andenken für irgendjemand andern von mir bleibt, aber ich will nicht wieder, ob unschuldig oder schuldig, eine Bemerkung wie in jenem Briefe lesen. Und nicht nur deshalb werde ich Ihnen von jetzt ab nur kurze Briefe schreiben (dafür sonntags allerdings immer einen mit Wollust ungeheueren Brief) sondern auch deshalb, weil ich mich bis zum letzten Atemzug für meinen Roman aufbrauchen will, der ja auch Ihnen gehört oder besser eine klarere Vorstellung von dem Guten in mir Ihnen geben soll als es die bloß hinweisenden Worte der längsten Briefe des längsten Lebens könnten. Die Geschichte, die ich schreibe, und die allerdings ins Endlose angelegt ist, heißt, um Ihnen einen vorläufigen Begriff zu geben „Der Verschollene" und handelt ausschließlich in den Vereinigten Staaten von Nordamerika. Vorläufig sind 5 Kapitel fertig, das 6te fast. Die einzelnen Kapitel heißen: I Der Heizer II Der Onkel III Ein Landhaus bei New York IV Der Marsch nach Ramses V Im Hotel Occidental VI Der Fall Robinson. – Ich habe diese Titel genannt, als ob man sich etwas dabei vorstellen könnte, das geht natürlich nicht, aber ich will die Titel solange bei Ihnen aufheben, bis es möglich sein wird. Es ist die erste größere Arbeit, ich der ich mich nach 15jähriger, bis auf Augenblicke trostloser Plage seit 1 ½ Monaten geborgen fühle. Die muß also fertig werden, das meinen Sie wohl auch und so will ich unter Ihrem Segen die kleine Zeit, die ich nur zu ungenauen, schrecklich lückenhaften, unvorsichtigen, gefährlichen Briefen an

Sich bis zum letzten Atemzug für seinen Roman aufbrauchen

Kapitelübersicht

Sie verwenden könnte, zu jener Arbeit hinüberleiten, wo sich alles, wenigstens bis jetzt, von wo es auch gekommen ist, beruhigt und den richtigen Weg genommen hat. Sind Sie damit einverstanden? Und wollen Sie mich also nicht meinem trotz alledem schrecklichen Alleinsein überlassen? Liebstes Fräulein, ich gäbe jetzt etwas für einen Blick in Ihre Augen. (...)[168]

Kafkas Prosaskizze *Entschlüsse* (entst. 1912)

Veröffentlicht 1913 in *Betrachtung* (Ernst Rowohlt Verlag, Leipzig), aber zunächst niedergeschrieben zwischen dem 5. und 7. Februar 1912, also mitten in der ersten Phase der Arbeit am *Verschollenen*:

„Der beste Rat, alles hinzunehmen"

Aus einem elenden Zustand sich zu erheben, muß selbst mit gewollter Energie leicht sein. Ich reiße mich vom Sessel los, umlaufe den Tisch, mache Kopf und Hals beweglich, bringe Feuer in die Augen, spanne die Muskeln um sie herum. Arbeite jedem Gefühl entgegen, begrüße A. stürmisch, wenn er jetzt kommen wird, dulde B. freundlich in meinem Zimmer, ziehe bei C. alles, was gesagt wird, trotz Schmerz und Mühe mit langen Zügen in mich hinein.

Aber selbst wenn es so geht, wird mit jedem Fehler, der nicht ausbleiben kann, das Ganze, das Leichte und das Schwere, stocken, und ich werde mich im Kreise zurückdrehen müssen.

Deshalb bleibt doch der beste Rat, alles hinzunehmen, als schwere Masse sich verhalten, und fühle man sich selbst fortgeblasen, keinen unnötigen Schritt sich ablocken lassen, den anderen mit Tierblick anschaun, keine Reue fühlen, kurz, das, was vom Leben als Gespenst noch übrig ist, mit eigener Hand niederdrücken, d. h.,

---

168 Kafka, *Briefe an Felice*, S. 85–88.

die letzte grabmäßige Ruhe noch vermehren und nichts außer ihr mehr bestehen lassen.

Eine charakteristische Bewegung eines solchen Zustandes ist das Hinfahren des kleinen Fingers über die Augenbrauen.[169]

Kurt Tucholskys Besprechung von *Amerika* (1929)

Unter seinem Pseudonym Peter Panter veröffentlichte Kurt Tucholsky am 26. Januar 1929 in der Zeitschrift „Die Weltbühne" eine Besprechung des Romans:

Zum Beispiel Banken. Und wenn die groß geworden sind, so groß, dass sie ein Land überschatten, dann heißt das Land Amerika, und nun wollen wir einmal ein Amerika-Buch begucken, das eigentlich gar keines ist und doch eines ist. Es ist von jenem großen Prosaiker Franz Kafka, auf den immer wieder hinzuweisen das schönste Verdienst Max Brods ist – das Buch heißt *Amerika* (und ist bei Kurt Wolff in München erschienen). Das Werk stammt aus der Zeit vor dem Kriege, Brod sagt in seinem Nachwort, dass es schon viele zarte Lichter des Chaplinschen Humors enthält. Es ist etwas ganz und gar Wunderbares, an innerer Musik und dem Pianissimo der Töne nur noch mit Hamsun zu vergleichen.

Ich habe mich mit dem *Schloss* Kafkas nicht im gleichen Maße befreunden können – es ist das ein Buch, in dem eine ›Deutung‹ der Vorgänge fast unumgänglich nötig erscheint, und weder hat mir die Deutung noch die Handlung gefallen. Hier in *Amerika* aber ist jeder Vorgang Selbstzweck, dichterische Frucht und Blüte schmerzlicher Erkenntnis. Es läuft da ein Band vom Dostojewskischen Idioten über Schwejk zu der Hauptfigur des kleinen Karl – sie wehren sich ge-

169 Kafka, *Ein Landarzt*, S. 20.

gen das Leben nicht, aber sie sind so allein und siegen noch in den Niederlagen. Was immer wieder an Kafkas Werk zur größten Bewunderung zwingt, ist die Unwiderruflichkeit der Szenen und ihre traumhafte Eindringlichkeit … Da nimmt der Nicht-Held eine Stellung in einem Hotel an, wo man ihn in eine Liftjungenuniform presst. »Beim Hotelschneider wurde ihm die Liftjungenuniform anprobiert, die äußerlich sehr prächtig mit Goldknöpfen und Goldschnüren ausgestattet war, bei deren Anziehen es Karl aber doch ein wenig schauderte, denn besonders unter den Achseln war das Röckchen kalt, hart und dabei unaustrockenbar nass von dem Schweiß der Liftjungen, die es vor ihm getragen hatten.« Dieser unerschütterliche Glaube an die Wahrheit des Geschilderten lässt nie fragen: »Woher wissen Sie das, Kafka?« – die Frage will nicht über die Lippen – es ist wie in der ›Schönsten Geschichte der Welt‹ bei Kipling, wo der Banklehrling eben im Innern fest und sicher weiß, wie die Galeerensklaven einmal gelebt haben … er ist vielleicht in einem früheren Leben einer gewesen.

Der unerschütterliche Glaube an die Wahrheit des Geschilderten

Es wimmelt von Formulierungen, die unvergesslich sind. Von der Justiz: »Die ganze Geschichte konnte er hier nicht erzählen, und wenn es auch möglich gewesen wäre, so schien es doch aussichtslos, ein drohendes Unrecht durch Erzählung eines erlittenen Unrechts abzuwehren.« Oder: »›Und ohne Rock bist du entlassen worden?‹, fragte der Polizeimann. ›Nun ja‹, sagte Karl; also auch in Amerika gehörte es zur Art der Behörden, das, was sie sahen, noch eigens zu fragen.« So tausendmal.

Am schönsten an diesem großen Werk ist die tiefe Melancholie, die es durchzieht: hier ist der ganz seltene Fall, dass einer ›das Leben nicht versteht‹ und recht hat. Niemals ist das, was da geschieht, ganz auszudeuten; schicksalhaft, wie im Traum, fallen die Bestimmungen, die Gesetze, die Gebräuche auf den Leidenden herunter, der auch nicht fragt; das machen die andern ebenso – er also auch.

Nie lässt sich der ganze Apparat völlig übersehen; in allen Büchern Kafkas gibt es solch einen ungeheuern, umständlichen, endlosen Apparat, der keine Allegorie ist, sondern Niederschlag des Lebens in einem sieghaft Wehrlosen. Dass Karl jemals den Hoteldirektor selbst erblicken könnte, ist unausdenkbar; es langt allenfalls bis zum Oberkellner, und das ist nun keineswegs komisch gedeutet, sondern tragisch: er weiß nicht ...

Die leise, bescheidene Art, mit der er die Gesten der ernsten und werktätigen Menschen nachahmt, ohne eigentlich ihren Inhalt zu verstehen oder etwa zu bejahen, erinnert sehr stark an Chaplin; doch ist bei dem eine Ironie dabei, die hier fast ganz fehlt, und beide beschämen die Nachgeahmten, *Amerika* ist eines der schönsten Bücher, die die deutsche Prosa aufzuweisen hat; ich bin mit Max Brod der festen Meinung, dass die Zeit dieses wahren Klassikers der deutschen Prosa noch einmal kommen wird.

Sie meinen, das Buch sei schon vor langer Zeit erschienen? Ich meine, dass es eine Albernheit ist, nur ›Neuerscheinungen‹ zu kaufen – als ob man der Literatur mit der Fixigkeit nahekäme! Wir wollen nicht das Neuste lesen – wir wollen das Beste, das Bunteste, das Amüsanteste lesen. Ja, also Amerika (...).[170]

170 Zitiert nach Born (Hrsg.), S. 206–208.

6. PRÜFUNGSAUFGABEN MIT MUSTERLÖSUNGEN

Unter www.königserläuterungen.de/download finden Sie im Internet zwei weitere Aufgaben mit Musterlösungen.

Die Zahl der Sternchen bezeichnet das Anforderungsniveau der jeweiligen Aufgabe.

Aufgabe 1*

Charakterisieren Sie in der Szene 56,10–57,12 die vier Figuren Karl, Klara, Pollunder und Green in ihrem jeweiligen Verhalten und in ihren Beziehungen zueinander. Beginnen Sie mit einer Situierung der Szene in der Handlung.

Mögliche Lösung in knapper Fassung:

CHARAKTERISIERUNG

Karl ist der Einladung Pollunders in dessen Landhaus gefolgt und erfährt bei der Ankunft, dass auch Green, der Geschäftsfreund seines Onkels, schon da ist. Karl ist wie Pollunder und dessen Tochter Klara nicht erfreut über Greens Anwesenheit.

Karl ist Gast und hat wenig Einfluss auf die Handlung. Er ist bereit, der Einladung Klaras zu folgen, auf ihr Zimmer zu gehen und dort Klavier zu spielen. Er möchte, dass Pollunder mitkommt, denn er scheint in ihm eine Art Schutz gegenüber Klara, vor allem aber gegenüber Green zu sehen. Er lässt sich dann von diesem wie die anderen ins Speisezimmer schieben, sieht sich von ihm zwar fortlaufend belästigt, unternimmt aber nichts gegen ihn.

Klara übernimmt anfangs anstelle von Pollunder, der eigentlich der Gastgeber wäre, die Initiative und will sich sofort Karls bemächtigen. Doch als Green auftaucht, lässt sie sich ebenfalls von ihm zur Seite schieben und wird nicht mehr aktiv.

Greens Dominanz

Pollunder, eigentlich Geschäftsmann wie Green und physisch ebenso groß wie dieser, verliert, kaum taucht Green auf, ebenfalls jede Initiative. Er lässt sich von Green am Arm nehmen und ins Speisezimmer führen, nimmt also ohne Widerrede hin, dass der Gast die Gastgeberrolle übernimmt. Er verschwindet hinter Greens übermächtiger Präsenz.

Dessen Nahen hören die drei, bevor er sichtbar wird. Er fragt nur: „Wo bleibt ihr denn?" (56,4), und schon verstehen dies Pollunder und mit ihm Karl und Klara als Befehl hineinzugehen. Als er sichtbar wird, beeindruckt er Karl sofort durch seine „riesige(..) Gestalt" (56,19 f.) und nimmt ihm jede Hoffnung, den Abend in Pollunders Gesellschaft zu verbringen. Als die drei hereinkommen, hat sich Green schon voll zum Gastgeber in Pollunders Haus gemacht: Er „empfieng sie sehr eilig, als sei vieles einzuholen" (56,25 f.), und hat von nun an die alleinige Initiative. Ohne die anderen zu fragen, schließt er die Glastüre zum Garten und beweist dabei eine überraschende jugendliche Vitalität, so dass auch der herbeieilende Diener zu spät kommt. Er mischt sich gleich in die Beziehung zwischen Karl und seinem Onkel ein und findet die Liebe des Letzteren Karl gegenüber „zu groß" (57,7). Karl wird dadurch so gelähmt, dass er „keinen Schluck der goldfarbigen Suppe hinunterbringen" (57,11 f.) kann. Green dagegen hebt schon vorher einen „gefüllten Suppenlöffel nach dem andern" (57,4 f.) zum Mund.

Green schafft es also, vom unerwünschten Gast zu Beginn der Szene im Landhaus zum bestimmenden Zentrum der Abendgesellschaft zu werden. Und dies nur dadurch, dass er energisch auftritt, seine Körpergröße mit jugendlicher Behändigkeit verbindet und am Tisch sofort das Wort an sich reißt. Entscheidend für seinen Erfolg ist sicher die Weichheit und Schwäche Pollunders, der ihm gar nichts entgegensetzen kann. Klara als Tochter Pollunders geht es ebenso, obwohl sie Karl gegenüber doch so energisch auftritt. Von Karl allein erfahren wir dank der Innensicht auf seine Gefühle und Gedanken, dass er Greens Auftreten gar nicht billigt. Aber auch er lässt nach außen nichts davon erkennen.

Dieses erste Auftreten Greens im Landhaus Pollunders lässt schon erahnen, dass er Karl später, um Mitternacht, zum Verhängnis werden wird. Doch sowohl bei Karl wie bei den Lesenden bleibt es vorläufig bloß bei einem unguten Gefühl. Green wirkt bedrohlich und lässt erraten, dass er eine Gefahr für die Beziehung zwischen Karl und dessen Onkel darstellt. Aber gewiss ist in dieser Szene noch nichts und entschieden noch weniger. Und gerade darin liegt die Spannung, die dieser Szene entspringt und die im Lauf des Abends noch zunehmen wird.

Aufgabe 2 **

Zeigen Sie ausgehend von der Erfahrung Karls mit Johanna Brummer auf, wie er in seinen weiteren Begegnungen mit Frauen (Line, Klara, Therese, Brunelda) von dieser Erfahrung geprägt bleibt und kein sexuelles Interesse an Frauen entwickelt. Setzen Sie dies in Beziehung zu seiner Entwicklung insgesamt.

Mögliche Lösung in knapper Fassung:

ANALYSE

Karls Erinnerung an die entscheidende Szene mit Johanna Brummer wird mit dem Satz eingeführt: „Karl hatte aber keine Gefühle für jenes Mädchen." (30,27) Liegt es daran, dass er da noch nicht 16 ist, die Pubertät also noch nicht hinter sich hat? Oder hat er grundsätzlich „keine Gefühle" für Frauen, die nicht in einem schwesterlichen oder mütterlichen Verhältnis zu ihm stehen?

Immerhin beobachtet er genau, was Johanna jeweils macht, wenn er zur Küche kommt, und zwar „nur mit Scheu im Vorübergehn durch die Spalte der ein wenig geöffneten Tür" (31,2 f.). Als sie ihn nicht eigentlich verführt, sondern fast gewaltsam in „ihr Zimmerchen" (31,12) führt, ihn „würgend" (31,13) umarmt und in ihr Bett legt, kann er sich nicht widersetzen, will aber auch nicht „irgendwelche Geheimnisse" (31,21 f.) mit ihr teilen. Er fühlt sich nur „unbehaglich" (31,15), und als sie ihn zum Beischlaf zwingt, findet er das „so widerlich" (31,27), dass „ihn eine entsetzliche Hilfsbedürftigkeit" (31,30 f.) ergreift und er nur „weinend" (31,31) wieder in sein eigenes Bett kommt.

Spätere Begegnungen mit Frauen

Bei der Ankunft in New York kommt er mit dem Heizer auf dem Weg zum Kapitän an einer Küche vorbei, also dem Ort Johanna Brummers, und begegnet einigen „Mädchen in schmutzigen Schürzen" (14,27). Küche und Schmutz verbinden sich dann insofern mit Sexualität, als Line sich „kokett" (14,30) gegen den Arm des Heizers drückt und sie Karl einen „schönen Knaben" (14,35) nennt.

Klara Pollunder nennt sich selbst eine „Hauswirtin" (55,22), ist also auch für die Küche zuständig und wird von Green beim Essen auch für ihre „Kunst in der Führung des Hauswesens" (58,36 f.) gelobt. Und fast wie von Line wird Karl später auch von ihr als „ein erträglich hübscher Junge" (64,37) bezeichnet. Vor allem aber lässt er sich wie damals von Johanna aus der Küche nun von Klara aus dem Esszimmer „fast schleppen" (62,24 f.). Sie trägt ihn dann in seinem Zimmer „fast bis zum Fenster" (64,1), treibt ihn nach einem kurzen Kräftemessen „gegen die Wand" (64,19), legt ihn danach auf ein Kanapee und beginnt ihn schließlich, „ohne sich allzu sehr zu ihm hinabzubeugen" (64,20 f.), mit der einen Hand stärker als Johanna zu würgen, „so stark (...), daß Karl ganz unfähig war, etwas anderes zu tun, als Luft zu schnappen" (64,26–28).

Therese trägt eine Schürze wie Line, die aber nicht schmutzig, sondern „sehr sorgfältig gebügelt" (119,14) ist, war „früher Küchenmädchen" (126,3 f.) wie Johanna und Line, nähert sich Karl ebenfalls, als er im Bett bzw. „Kanapee" (124,27) liegt, drängt ihn „an die Mauer" (125,21) wie Karla zuvor, doch sie würgt ihn schließlich nicht, sondern greift „flüchtig nach Karls Schulter" (127,24), was den Beginn einer eher schwesterlich-brüderlichen Beziehung darstellt.

Gemeinsam ist allen diesen jüngeren Frauen, dass sie der Küche bzw. dem Haushalt zugeordnet werden, an Karl als einem hübschen Jungen eher körperlich interessiert sind als er an ihnen, ihn alle in je eigener Weise körperlich bedrängen und er ihnen allen auf einem Bett bzw. Kanapee ausgeliefert ist, ohne sich groß zu wehren. Karl erscheint ihnen gegenüber als noch unreifer Knabe, während sie ihm nicht nur im Alter, sondern auch in ihrem Verhalten als Frauen überlegen sind.

Dass er sich in dieser Hinsicht nicht weiter-, sondern eher zurückentwickelt, zeigt sich dann in seiner Beziehung zu Brunelda. Robinson rühmt sie Karl gegenüber als „ein prächtiges Weib" (207,32), das er schon „einmal nackt gesehn" (207,33 f.) habe, und sagt, als Karl verständnislos reagiert: „Du bist eben noch ein Kind, Roßmann (...). Du mußt noch viel zulernen." (208,1–4) Dass Karl einem solch prächtigen Weib dienen und nahe sein soll, verlockt ihn im Unterschied zu Robinson gar nicht (vgl. 222,8 f.). Als Brunelda ihn dann auf dem Balkon ähnlich wie die anderen, allerdings jüngeren, Frauen bedrängt, „unter großen Seufzern (...) an Karls Hemd" (226,2 f.) nestelt und ihn die „Last ihrer Arme auf seinen Achseln" (226,9) spüren lässt, sucht er zunächst, „unauffällig immer wieder diese kleinen fetten Händchen wegzuschieben" (226,4 f.), bis er die aufdringliche Nähe Bruneldas einfach nur mehr duldet, weil ihn die Vorgänge auf der Straße „sehr in Anspruch" (226,10) nehmen. Im Ergebnis wird er von Brunelda schließlich nur mehr als „Kleiner" (227,27) angesprochen, so wie schon von der Oberköchin (vgl. 109,17). Sie erscheint damit nun eher als mütterliche Figur wie die Oberköchin.

Das heißt aber, dass Karl sich seit seiner Ankunft in Amerika eher zurückentwickelt hat, eben wieder zum „Kleinen" wird. Sein zu Beginn schon schwaches, dann abnehmendes und schließlich stillgelegtes sexuelles Interesse an Frauen geht einher mit seiner wiederholten Verstoßung aus geregelten gesellschaftlichen Verhältnissen und seinem damit einhergehenden sozialen Abstieg bis zum „Negro" am Schluss. Die Vergewaltigung des damals 15-Jährigen durch die 35-jährige Johanna Brummer hat seine erste Verstoßung begründet. In Amerika wiederholt sich die Verstoßung zumindest zweimal, und damit verbunden kehrt für Karl auch das sie ursprünglich begründende Trauma der körperlichen Nähe zu Frauen wieder, bis er der Frau nur mehr mit der Distanz zu einer Schwester (Therese), einer Mutter (Brunelda) oder einem Engel (Fanny, 274,21–277,6) begegnen kann.

Aufgabe 3 **

Interpretieren Sie Kafkas Prosaskizze *Entschlüsse* (s. S. 105 f. dieser Erläuterung) und zeigen Sie im *Verschollenen* auf, wann und wie Karl energische Entschlüsse fasst, welche „Fehler" sich einstellen und wie er sich „im Kreise zurückdrehen" muss. Ziehen Sie daraus Schlüsse für seine Entwicklung insgesamt und die Deutung des Romans.

Mögliche Lösung in knapper Fassung:

INTERPRETATION

Die Prosaskizze *Entschlüsse* zeigt ein Ich, das sich in „einem elenden Zustand" befindet. Ob dieser Zustand in den äußeren Umständen oder in der inneren Verfassung des Ichs begründet ist, lässt die Skizze nicht erkennen. Sicher ist nur, dass sich das Ich daraus „erheben" will und dazu „gewollte Energie" braucht. Diese Energie ist also nicht einfach gegeben, sondern soll einem Willen entspringen, der sich in der Vorstellung einer raschen Folge schwungvoller Bewegungen und Handlungen äußert, durch die gleich drei Personen mit einbezogen würden. Doch das Ganze steht eigentlich „jedem Gefühl entgegen", und das Ich benimmt sich nur „trotz Schmerz und Mühe" so, dass es sich auf die anderen einlässt. So erstaunt es nicht, dass seine Vorstellung gleich wieder gebrochen wird, kaum hat sie sich entfaltet. Denn aufgrund seiner widersprüchlichen Gemütslage muss das Ich annehmen, dass „Fehler" nicht werden ausbleiben können und dass es sich wird „im Kreise zurückdrehen" müssen. Lieber verharrt es nun deshalb im „elenden Zustand", wird passiv, menschenscheu, gleichgültig und wartet, so dass sich sein Verhalten als „grabmäßige Ruhe" bezeichnen lässt. In der einen kleinen Geste, dem „Hinfahren des kleinen Fingers über die Augenbrauen", zeigt sich das Bedürfnis des Ichs, sich aus dem elenden Zustand zu erheben, denn es rührt sich, und sein Verharren darin, denn die Bewegung bleibt sehr diskret.

Übertragung auf Karl

Karl befindet sich bei seiner Ankunft in New York zwar in „einem elenden Zustand" wie das Ich in *Entschlüsse*. Aber dieser Zustand geht hauptsächlich auf die äußeren Umstände seiner Verstoßung durch seine Eltern zurück. Subjektiv ist Karl ein Jugendlicher voll spontaner Energie und Tatkraft. Am deutlichsten zum Vorschein kommt dies im ersten Kapitel *Der Heizer*, wo Karl beim Ausschiffen in New York unbekümmert kehrtmacht und seinen Koffer einem fremden Menschen in Obhut gibt, um sich danach ebenso unbekümmert der Sache des Heizers anzunehmen und mit ihm zum Kapitän zu gehen. Fehler unterlaufen hier weniger ihm als dem Heizer. Und sein energisches Handeln führt ihn schließlich, ohne dass er das vorausahnen konnte, seinem reichen Onkel und einer scheinbar gesicherten Zukunft in Amerika entgegen. Er gleicht so einem jugendlichen Märchenhelden, der für sein gutes Wesen und Handeln belohnt wird.

In diesem ersten Kapitel des *Verschollenen* zeigt Kafka mit Karl also zunächst das genaue Gegenteil des Ichs, von dem seine Prosaskizze *Entschlüsse* spricht. Doch schon als Karl wieder recht unbekümmert gegenüber den Vorhaltungen seines Onkels die Einladung Pollunders annimmt und in dessen Landhaus geht, erweist sich dies als Fehler, der „das Ganze, das Leichte und das Schwere" ins Stocken bringt und ihn „im Kreise zurückdrehen" lässt. Karl zieht daraus nicht schon die Schlüsse des Ichs in der Prosaskizze. Zwar verhält er sich gegenüber Delamarche und Robinson zunächst zurückhaltend und sogar misstrauisch. Aber er verliert seinen jugendlichen Elan nicht und ist sofort bereit, der Einladung der Oberköchin zu folgen und Liftjunge zu werden. Das scheint sich zu bewähren, bis sich durch das Auftauchen Robinsons wieder ein „Fehler" einstellt und er sich wieder „im Kreise zurückdrehen" und zu Robinson und Delamarche zurückkehren muss.

Hier versucht er nun zwar zunächst eher energisch wegzukommen. Als ihm der Student Josef Mendel aber klarmacht, dass er kaum Chancen auf eigene Einkünfte hat, lässt er sich umstimmen und bleibt freiwillig im Dienst Bruneldas. Dadurch kommt er dem Ich in *Entschlüsse* schon näher. Er glaubt nicht mehr, dass er genügend Energie hat, ob „gewollt" oder spontan, um sich aus seinem „elenden Zustand zu erheben". Er folgt dem Rat Mendels, „alles hinzunehmen", auch wenn er nicht so weit kommt, sich „als schwere Masse" zu verhalten oder gar in „grabmäßige Ruhe" zu verfallen.

Das ist auch bei seinem letzten Entschluss, ins Naturtheater von Oklahoma einzutreten, nicht der Fall. Er zeigt zwar mit dem Trompetenspiel, dass er ein „Künstler" (275,24) sein könnte, scheint aber nicht davon angetan, dafür „als Teufel angezogen" (275,28) zu werden, und versucht danach, als Ingenieur unterzukommen, wird aber zum „europäische(n) Mittelschüler" (280,29 f.) herabgestuft und wird dann als „Negro, technischer Arbeiter" (286,21 f.), eingetragen.

Seine ganze Entwicklung ab der Verstoßung durch den Onkel und der Entlassung durch den Oberkellner im Hotel Occidental geht also dahin, dass er deutlich weniger auf seine Energie und seine Fähigkeit, sich loszureißen, setzt und sich stattdessen zunächst der tyrannischen Herrschaft einer Person – Brunelda – unterwirft und dann einem Unternehmen, das er eigentlich schon der Prahlerei und der Lüge verdächtigt, als er seine Werbung sieht, anschließt, weil es alle Leute aufnehmen will, „das war genügend." (272,6)

Wir wissen dank den Tagebucheinträgen Kafkas im Februar 1912, dass das Ich in *Entschlüsse* weitgehend mit dem Ich des Autors identisch ist. In seinem zur Zeit der Tagebucheinträge entstehenden Roman des *Verschollenen* setzt er also eine Figur in Szene, die zunächst das gerade Gegenteil seiner eigenen Person darstellt. Er, der bald schon Dreißigjährige, lässt einen gerade erst Sechzehnjährigen in Amerika erwachsen werden. *Der Verschollene* liest sich so wie der Versuch des Autors, zu sehen, was mit einer Figur geschieht, die aufgrund ihrer Jugend immer wieder die dem Autor selbst fehlende Energie aufbringt, aus ihrem „elenden Zustand sich zu erheben". Und er lässt sie aufgrund unausweichlicher „Fehler" immer deutlicher jene Rückschläge erleben, die er für sich schon als unausbleiblich voraussetzt.

So gebrochen und reduziert auf das bloße „Hinfahren des kleinen Fingers über die Augenbrauen" wie das Ich in *Entschlüsse* ist Karl allerdings auch zum Schluss des Romans nicht. Wie sehr seine anfängliche Bereitschaft aufzubegehren und sich dem Unrecht zu widersetzen jedoch geschmolzen ist, zeigt sich auf der Zugfahrt nach

Oklahoma, als er auf die Angriffe der „Coupeegenossen" (292,8) nur „manchmal mit einem Fußtritt zu antworten" (292,14 f.) versucht, im Übrigen aber „alles schweigend" (292,16) duldet und sich ganz der vorbeiziehenden übermächtigen Landschaft überlässt.

Aufgabe 4 ***

Untersuchen Sie, wie Kurt Tucholsky den Amerika-Roman Kafkas charakterisiert (vgl. Kapitel 5 *Materialien*). Halten Sie fest, was er Ihrer Meinung nach weniger ausführt, und beurteilen Sie seine Charakterisierung anhand Ihrer eigenen Lektüre des Textes im Hinblick auf eine mögliche Gesamtinterpretation.

Mögliche Lösung in knapper Form:

UNTERSUCHUNG

Kurt Tucholsky hebt mehrere Qualitäten von Kafkas Amerika-Roman hervor:

- → erstens den Humor, der ihn an Chaplin erinnert,
- → zweitens die „innere Musik" und das „Pianissimo der Töne",
- → drittens den Verzicht auf Bedeutungsschwere, so dass „jeder Vorgang Selbstzweck, dichterische Frucht und Blüte schmerzlicher Erkenntnis ist",
- → viertens die „Unwiderruflichkeit der Szenen und ihre traumhafte Eindringlichkeit",
- → fünftens die vielen „Formulierungen, die unvergesslich sind",
- → sechstens „die tiefe Melancholie", die das Werk durchzieht, weil „die Bestimmungen, die Gesetze, die Gebräuche auf den Leidenden" herunterfallen, „schicksalhaft, wie im Traum", und
- → siebtens die „leise, bescheidene Art, mit der er (Karl) die Gesten der ernsten und werktätigen Menschen nachahmt, ohne

eigentlich ihren Inhalt zu verstehen oder etwa zu bejahen", was wiederum an Chaplin erinnert.

Als Autorkollege interessiert sich Tucholsky also weniger für die Bedeutung des Werks als für die Art, wie es geschrieben ist und auf die Lesenden wirkt. Er konzentriert sich deshalb darauf, wie Kafka kunstvoll mit der Sprache umgeht, Szenen und Figuren schafft, die uns in ihrer Unmittelbarkeit stark ansprechen, einen Ton findet, der zwischen Humor und Melancholie schwebt, und ein Schicksal und den von ihm getroffenen Protagonisten so zeichnet, dass wir davon berührt werden, ohne einen Sinn darin suchen zu müssen.

Kafkas Nähe zum Stummfilm

Mit der zweimaligen Erwähnung Chaplins stellt Tucholsky eine größere Nähe des Romans zum damals noch im Stummfilmzeitalter steckenden Kino her. Zum einen wirft Tucholsky damit die Frage auf, inwieweit Kafka sich im *Verschollenen* ganz grundsätzlich von filmischen Darstellungstechniken seiner Zeit literarisch anregen ließ. Tucholsky nennt ja „die Unwiderruflichkeit der Szenen und ihre traumhafte Eindringlichkeit" als besondere Qualität des Werks. Genauer zu fragen wäre also danach, wie Kafka seinen Figuren zum Beispiel durch expressive Mimik und Gestik die bildhafte Präsenz von Stummfilmfiguren verschafft oder wie er die Handlung immer wieder in einzelnen, ausgestalteten Szenen vorangehen lässt, so wie dies im Film unerlässlich ist, oder auch, wie er Massenszenen wie diejenige des Straßenverkehrs in New York (40,1–14), diejenige der Wahlversammlung in der Vorstadt bei Delamarche (228,30–232,29) oder diejenige der Zuschauertribüne in Clayton (287,20–288,3) aus der Weitwinkel-Perspektive (Supertotale) zeigt, in der die Menschen als Einzelne sich verlieren. Zum anderen bezieht sich Tucholsky konkret auf Chaplins Filmschaffen, zu dem 1929 neben einer Vielzahl von kleineren Filmen auch schon *The Kid* (1921), *The Gold Rush* (1925) und *The Circus* (1928) gehörten. Vor allem die ersten beiden der bedeutendsten Filme Chaplins zeigen Parallelen zu Karls Abstieg ins gesellschaftliche Abseits, zu seinem Bemühen, sich doch immer wieder aufzurappeln, und zum leisen Humor ebenso wie zur unaufdringliche Melancholie, die damit einhergehen.

Tucholsky charakterisiert Karl nicht ausdrücklich, sondern gibt durch Vergleiche mit einer Chaplinfigur, dem Idioten von Dostojewski und dem Soldaten Schwejk von Jaroslav Hašek zunächst nur indirekt ein Bild von ihm. Gemeinsam ist den drei Parallelfiguren Karls einerseits eine sympathische Naivität und Widerstandskraft, andererseits aber auch die bedrohte Existenz von Außenseitern. Tucholsky fasst dies im Begriff des „Nicht-Helden" zusammen. Damit ist ein Mensch gemeint, der weder überdurchschnittliche Fähigkeiten, seien sie körperlicher oder geistiger Art, besitzt, noch hervorragende Leistungen vollbringt und der in seiner anspruchslosen Einfachheit doch unsere Aufmerksamkeit verdient. Zum einen, weil er wahrer auf uns wirkt als ein Held und so – nach Tucholsky – unseren „unerschütterliche(n) Glauben an die Wahrheit des Geschilderten" hervorruft, zum zweiten weil uns seine Lebensuntüchtigkeit überzeugt, er also einer ist, „‚der das Leben nicht versteht' und recht hat" und sich in ihm „der Niederschlag des Lebens in einem Wehrlosen" zeigt, der nicht versteht, warum er und die andern so handeln, wie sie handeln, und auch nicht danach fragt.

Dem ist jedoch zu entgegnen, dass der Text des *Verschollenen* doch viel mehr aufzeigt als das, was Karl selbst bewusst wird. Das betrifft sowohl seine eigenen Schwierigkeiten zum Beispiel mit Frauen oder mit autoritären Vatergestalten wie die äußeren Umstände der Macht- und Abhängigkeitsverhältnisse in Amerika.

Beides lässt sich durchaus weitergehend deuten, als Tucholsky dies tut. Zu Amerika macht er immerhin zwei Andeutungen, die durchaus auf das Bild der USA im *Verschollenen* zutreffen. So spricht er von den Banken, die „ein Land überschatten", wozu natürlich zunächst der Börsenkrach in New York im Jahr seiner Besprechung (1929) den aktuellen Anlass bildet. Von der Macht des Geldes und der Geschäftsbeziehungen zu sprechen, wäre aber auch in Bezug auf das Amerika-Bild im *Verschollenen* durchaus angemessen. Tucholsky sagt dazu nur, der Roman sei ein Amerika-Buch, „das eigentlich gar keines ist und doch eines ist." Er trifft damit ziemlich genau das, was die Interpreten des *Verschollenen* heute noch beschäftigt: Der Roman zeigt kein reales Bild Amerika, sondern ein imaginiertes, nur trifft dieses eben bestimmte Wesenszüge des Landes doch so sehr, dass sich mit ihm durchaus auch über das reale Amerika sprechen lässt.

Was Tucholsky in diesem Zusammenhang aber gar nicht anspricht, ist der kontrastive Rückbezug dieses Bildes auf Europa. Um darauf wenigstens andeutungsweise einzugehen, hätte er auch die Exilsituation Karls ansprechen müssen und die Tatsache, dass er ja zur Auswanderung gezwungen wird. Dieser heute wichtige Aspekt des Romans entging aufmerksamen Lesern wie Tucholsky bei der Veröffentlichung des Buches vielleicht auch deshalb um so eher, weil es damals noch mit *Amerika* betitelt war und nicht mit *Der Verschollene*.

LITERATUR

Zitierte Ausgabe:

Der Verschollene. Roman. Nachwort von Michael Müller. Stuttgart: Reclam, 1997 (RUB 9688).

Weitere Primärliteratur und Werkausgaben:

Brief an den Vater. Hrsg. und kommentiert von Michael Müller. Stuttgart: Reclam, 1995 (RUB 9674).

Briefe an Felice und andere Korrespondenz aus der Verlobungszeit. Hrsg. von Erich Heller und Jürgen Born. Frankfurt a. M.: Fischer Taschenbuch Verlag, [1976] 1988 (FT 1697).

Briefe an Milena. Erweiterte und neu geordnete Ausgabe. Hrsg. von Jürgen Born und Michael Müller. Frankfurt a. M.: Fischer Taschenbuch Verlag, 1986 (FT 5307).

Briefe 1902–1924. Hrsg. v. Max Brod. Frankfurt a. M.: Fischer Taschenbuch Verlag, 1983.

Der Verschollene (Amerika). Roman. (Kritische Ausgabe.) Hrsg. v. Jost Schillemeit. Frankfurt a. M.: S. Fischer, 1983.

Ein Landarzt und andere Drucke zu Lebzeiten. (Gesammelte Werke in zwölf Bänden. Nach der Kritischen Ausgabe hrsg. v. Hans-Gerd Koch, Bd. 1) Frankfurt a. M.: Fischer Taschenbuch Verlag, 1994, 5. Aufl. 2004.

Tagebücher 1909–1923. Fassung der Handschrift. Mit einer Nachbemerkung von Hans-Gerd Koch. Frankfurt a. M.: S. Fischer, 1997.

Gesammelte Werke. Hrsg. von Max Brod. Lizenzausgabe von Schocken Books New York. Frankfurt a. M.: S. Fischer, 1950–1974.

Kritische Ausgabe. Schriften, Tagebücher, Briefe. Hrsg. von Jürgen Born, Gerhard Neumann, Malcolm Pasley und Jost Schillemeit. Frankfurt a. M.: S. Fischer, 1982 ff.

Gesammelte Werke in 12 Bänden in der Fassung der Handschrift. Hrsg. von Hans-Gerd Koch. Frankfurt a. M.: S. Fischer, 1983 ff. (Taschenbuchausgabe).

Historisch-kritische Ausgabe sämtlicher Handschriften, Drucke und Typoskripte. Hrsg. von Roland Reuss und Peter Staengle. Frankfurt a. M. und Basel: Stroemfeld Verlag, 1985 ff. → *Der Verschollene* noch nicht erschienen.

Verwendete Sekundärliteratur zu *Der Verschollene*:

Einführungen:

Engel, Manfred: *Der Verschollene.* In: Manfred Engel u. Bernd Auerochs (Hrsg.): Kafka Handbuch: Leben – Werk – Wirkung. Stuttgart: Metzler, 2010, S. 175–191 → Aktuellste Einführung in die Entstehungsgeschichte und die Quellen. Einblick in Aufbau und Inhalt, in die Forschung und in neuere Deutungsansätze.

Jahn, Wolfgang: *‚Der Verschollene' (‚Amerika').* In: Hartmut Binder (Hrsg.): Kafka-Handbuch in zwei Bänden. Bd. 2. Stuttgart: Alfred Kröner Verlag, 1979, S. 407–420.

Kremer, Detlev: *Verschollen. Gegenwärtig. Franz Kafkas Roman ‚Der Verschollene'.* In: Heinz Ludwig Arnold (Hrsg.): Franz Kafka. Text + Kritik. Sonderband. Band IV/2006, München: edition text + kritik in Richard Boorberg Verlag, zweite, gründlich überarbeitete Auflage, 2006, S. 238–253.

Müller, Michael: *Nachwort.* In: Franz Kafka: Der Verschollene. Roman. Stuttgart: Reclam, 1997 (RUB 9688), S. 293–318 → Einblick in die Entstehungsgeschichte und in die Quellen, Inhaltsangabe mit Deutungsansätzen.

Plachta, Bodo: *Der Heizer / Der Verschollene.* In: Bettina von Jagow u. Oliver Jahraus (Hrsg.): Kafka-Handbuch. Leben – Werk – Wirkung. Göttingen: Vandenhoeck & Ruprecht, 2008, S. 438–455

→ Einblick in die Entstehungsgeschichte und erste Rezeption, Angaben zu den Quellen, Darlegung von Deutungsansätzen.

Forschungsbeiträge:

Czoik, Peter: *Zur Struktur der Dickens-Motive in Franz Kafkas Roman ‚Der Verschollene'. „Meine Absicht war ... einen Dickensroman zu schreiben".* Hamburg: Verlag Dr. Kovaè, 2009.

Engel, Manfred: *Umbruchsdiskurse im Franz Kafkas ‚Der Verschollene' und ‚In der Strafkolonie'.* In: Daniel Meyer u. Bernhard Dieterle (Hrsg.): Der Umbruchsdiskurs im deutschsprachigen Raum zwischen 1900 und 1938. Heidelberg: Universitätsverlag Winter, 2011, S. 65–74.

Jahn, Wolfgang: *Kafkas Roman ‚Der Verschollene' (‚Amerika').* Stuttgart: Metzler, 1965.

Loose, Gerhard: *Franz Kafka und Amerika.* Frankfurt a. M.: Vittorio Klostermann, 1968.

Pütz, Jürgen: *Kafkas ‚Verschollener' – Ein Bildungsroman? Die Sonderstellung von Kafkas Romanfragment ‚Der Verschollene' in der Tradition des Bildungsromans.* Frankfurt a. M., Bern, New York: Peter Lang, 1983.

Rothemann, Sabine: *Spazierengehen – Verschollengehen. Zum Problem der Wahrnehmung und der Auslegung bei Robert Walser und Franz Kafka.* Marburg: Tectum Verlag, 2000.

Schwarz, Sandra: *‚Verbannung' als Lebensform. Koordinaten eines literarischen Exils in Franz Kafkas ‚Trilogie der Einsamkeit'.* Tübingen: Niemeyer, 1996.

Thalmann, Jörg: *Wege zu Kafka. Eine Interpretation des Amerikaromans.* Frauenfeld und Stuttgart: Huber, 1966.

Wagner, Benno: *Odysseus in Amerika. List und Opfer bei Horkheimer/Adorno und Kafka.* In: Manfred Gangl u. Gérard Raulet (Hrsg.): Jenseits instrumenteller Vernunft. Kritische Studien zur

‚Dialektik der Aufklärung'. Frankfurt a. M.: Peter Lang, 1998, S. 207–228.

Wirkner, Alfred: *Kafka und die Außenwelt. Quellenstudien zum ‚Amerika'-Fragment.* Stuttgart: Klett, 1976.

Verwendete Sekundärliteratur zu Franz Kafka:

Alt, Peter-André: *Kafka und der Film. Über kinematographisches Erzählen.* München: C. H. Beck, 2009.

Arnold, Heinz Ludwig (Hrsg.): *Franz Kafka. Text+Kritik. Sonderband.* IV/2006. München: edition text + kritik in Richard Boorberg Verlag, zweite, gründlich überarbeitete Auflage, 2006.

Beicken, Peter U.: *Franz Kafka. Eine kritische Einführung in die Forschung.* Frankfurt a. M.: Athenäum, 1974.

Binder, Hartmut: *Kafka-Kommentar zu den Romanen, Rezensionen, Aphorismen und zum Brief an den Vater.* München: Winkler, 1976.

Binder, Hartmut (Hrsg.): *Kafka-Handbuch in zwei Bänden.* Bd. 2: Das Werk und seine Wirkung. Stuttgart: Alfred Kröner Verlag, 1979.

Binder, Hartmut: *Kafka. Der Schaffensprozeß.* Frankfurt a. M.: Suhrkamp, 1983 (st 2026).

Binder, Hartmut: *Kafkas Prag*. In: In: Peter Becher u. Anna Knechtel (Hrsg.): Praha – Prag 1900–1945. Literaturstadt zweier Sprachen. Passau: Verlag Karl Stutz, 2010, S. 249–266.

Born, Jürgen (Hrsg.): *Franz Kafka. Kritik und Rezeption 1924–1938.* Frankfurt a. M.: S. Fischer, 1983.

Brod, Max: *Franz Kafka. Eine Biographie.* Frankfurt a. M. und Hamburg: Fischer Bücherei, 1963 (FB 552).

Deleuze, Gilles /Félix Guattari: *Kafka. Für eine kleine Literatur.* Frankfurt a. M.: Suhrkamp, 1976 (es 807).

Engel, Manfred; Bernd Auerochs (Hrsg.): *Kafka Handbuch: Leben – Werk – Wirkung*. Stuttgart: Metzler, 2010.

Heller, Erich; Joachim Beug (Hrsg.): *Franz Kafka. (Dichter über ihre Dichtungen, Bd. 1)*. München: Ernst Heimeran/S. Fischer, 1969.

Jagow, Bettina von; Oliver Jahraus (Hrsg.): *Kafka-Handbuch. Leben – Werk – Wirkung*. Göttingen: Vandenhoeck & Ruprecht, 2008.

Schlingmann, Carsten: *Franz Kafka*. Stuttgart: Reclam, 1995 (RUB 15204).

Sokel, Walter H.: *Franz Kafka – Tragik und Ironie. Zur Struktur seiner Kunst*. München, Wien: Albert Langen Georg Müller Verlag, 1964.

Urzidil, Johannes: *Da geht Kafka*. Zürich und Stuttgart: Artemis Verlag, 1965.

Wagenbach, Klaus: *Franz Kafka mit Selbstzeugnissen und Bilddokumenten dargestellt*. Reinbek b. Hamburg: Rowohlt, 1964.

Zischler, Hanns: *Kafka geht ins Kino*. Reinbek bei Hamburg: Rowohlt, 1996.

Verwendete Sekundärliteratur zum Kontext:

Èapková, Kateøina: *Raum und Zeit als Faktoren der nationalen Identifikation der Prager Juden*. In: Peter Becher u. Anna Knechtel (Hrsg.): Praha – Prag 1900–1945. Literaturstadt zweier Sprachen. Passau: Verlag Karl Stutz, 2010, S. 21–30.

Grimm, Jacob und Wilhelm: *Deutsches Wörterbuch. Bd. 11*. München: DTV, 1991 (Lizenzausgabe).

Hunger, Herbert: *Lexikon der griechischen und römischen Mythologie*. Reinbek bei Hamburg: Rowohlt Taschenbuch Verlag, 1974.

Iggers, Wilma A.: *Die Prager Juden zwischen Assimilation und Zionismus*. In: Margarita Pazi u. Hans Dieter Zimmermann

(Hrsg.): Berlin und der Prager Kreis. Würzburg: Königshausen & Neumann, 1991, S. 19–29.

Koeltzsch, Ines: *Die gezählte Stadt. Tschechen, Juden und Deutsche im Prager Zensus (1900–1930).* In: Peter Becher u. Anna Knechtel (Hrsg.): Praha – Prag 1900–1945. Literaturstadt zweier Sprachen. Passau: Verlag Karl Stutz, 2010, S. 9–19.

Petrbok, Václav, Jan Randák: *Die Stadt als realer und symbolischer Raum der nationalen Identität: Prag an der Wende vom 19. zum 20. Jahrhundert*. In: Peter Becher u. Anna Knechtel (Hrsg.): Praha – Prag 1900–1945. Literaturstadt zweier Sprachen. Passau: Verlag Karl Stutz, 2010, S. 31–62.

Zimmermann, Hans: *Zur Prager deutschen Literatur. „Es brodelt und werfelt und kischt...“*. In: Die Politische Meinung. Zeitschrift für Politik, Gesellschaft, Religion und Kultur. Mai 2006, Nr. 438, S. 69–76.

Žmegač, Viktor (Hrsg.): *Geschichte der deutschen Literatur vom 18. Jahrhundert bis zur Gegenwart. Bd. II/2 1848–1918*. Königstein/Ts.: Athenäum, 1980.

Verwendete Literatur anderer Autoren:

Flaubert, Gustave: *Madame Bovary. Sitten in der Provinz*. Hrsg. und übersetzt von Elisabeth Edl. München: Hanser, 2012.

Henisch, Peter: *Vom Wunsch, Indianer zu werden – Wie Franz Kafka Karl May traf und trotzdem nicht in Amerika landete*. Salzburg und Wien: Residenz Verlag, 1994.

Kleist, Heinrich von: *Das Erdbeben in Chili*. In: Ders.: Die Marquise von O... Das Erdbeben in Chili. Erzählungen. Anmerkungen von Sabine Doering. Nachwort von Christian Wagenknecht. Stuttgart: Reclam, 1984, durchges. Ausgabe 2004 (RUB 8002), S. 49–66.

Internetseiten (alle Stand: Mai 2014):

Zu Kafka allgemein:

http://www.ub.fu-berlin.de/service_neu/internetquellen/fachinformation/germanistik/autoren/autork/kafka.html
→ Bietet ein Verzeichnis der wichtigsten Internetseiten zu Kafka.

http://www.franzkafka.de/franzkafka/home/
→ Von dem Kafka-Biografen Rainer Stach konzipierte Kafka-Seite des S. Fischer Verlags.

http://www.xlibris.de/Autoren/Kafka
→ Autorenseite bei xlibris.de

http://www.kafkabureau.net/
→ Universitäres Forschungsprojekt (Siegen/Regensburg/HU Berlin/ Tübingen und Princeton), das den „transtextuellen und transmedialen Raum des Kafka'schen Werks auf der Grundlage literatur-, medien- und kulturwissenschaftlicher Konzepte" erschließen will.

http://bildungsserver.hamburg.de/amerika/
→ Bietet ein Verzeichnis aller Internetseiten (Interpretationen, Materialien usw.) zum *Verschollenen*.

STICHWORTVERZEICHNIS